As Leis De Messias

Do **Amor** ao **Amor**

As Leis De Messias

Ryuho Okawa

Ⓡ IRH Press do Brasil

Copyright © 2022 Ryuho Okawa
Edição original © 2022 publicada em japonês:
Messiah no Ho – Ai ni Hajimari Ai ni Owaru
Edição em inglês: © 2022 *The Laws Of Messiah –
From Love to Love*
Tradução para o português: Happy Science do Brasil

IRH Press do Brasil Editora Limitada
Rua Domingos de Morais, 1154, 1º andar, sala 101
Vila Mariana, São Paulo – SP – Brasil, CEP 04010-100

Todos os direitos reservados.
Nenhuma parte desta publicação poderá ser reproduzida, copiada, armazenada em sistema digital ou transferida por qualquer meio, eletrônico, mecânico, fotocópia, gravação ou quaisquer outros, sem que haja permissão por escrito emitida pela Happy Science – Happy Science do Brasil.

ISBN: 978-65-87485-35-5

Sumário

Prefácio 9

CAPÍTULO 1

Elohim pensa, aqui e agora

*Os ensinamentos do Deus da Terra,
que distinguem o bem do mal*

1 A origem do bem e do mal na Terra 13
2 Como distinguir o bem do mal na era moderna,
   que ignora as Leis de Deus 18
3 O Japão deve dizer o que precisa ser dito, tendo
   em vista o futuro 26
4 O perigo do totalitarismo no século XXI e a luta
   pela liberdade 30
5 O peso do trabalho do Salvador num mundo com
   8 bilhões de pessoas 38

CAPÍTULO 2

O que o Messias de hoje deve dizer e fazer

*A diretriz no ponto de inflexão
da história da humanidade*

―◇◆◇―

1 O contexto histórico do século XX, quando desceu o "Messias da era moderna" 45
2 A história de invasões das nações poderosas e o Messias .. 50
3 O momento decisivo na Terra, com o uso da bomba atômica 63
4 Como o verdadeiro Messias trabalha para proteger o mundo 75
5 Por que o comunismo é perigoso aos olhos do Deus da Terra 81
6 O Messias da era moderna diz à humanidade o que deve ser feito agora 87

CAPÍTULO 3

Os ensinamentos de Messias

*A batalha para mudar o juízo de valores
com a palavra de Deus*

―◇◆◇―

1 Como reconhecer o Messias, o escolhido de Deus 99
2 A luta pelo juízo de valores 103

3 As forças que confundem os ensinamentos
  do Messias 119
4 Os ensinamentos de Messias necessários para
  a era moderna 128

CAPÍTULO 4

O coração da Terra

*Shambala, o local que promove o despertar
espiritual da humanidade*

---

1 Shambala, o segredo da Terra 143
2 Iniciação para se tornar um Messias......................148
3 Restaurando o "coração de Shambala" 167

CAPÍTULO 5

O amor de Messias

*Como deve ser o amor na Terra, local de
aprimoramento da alma*

---

1 Por que existe um Messias, com base no "mecanismo
  deste mundo" 177
2 O que não devemos perder de vista na vida na
  experiência da alma..187
3 A batalha entre o senso comum deste mundo e a fé.....199
4 Conheça o amor do Senhor Deus e divulgue-o 212

Posfácio	227
Sobre o autor	231
O que é El Cantare?	234
Sobre a Happy Science	236
Contatos	238
Outros livros de Ryuho Okawa	241

Prefácio

Neste livro, concentrei-me mais uma vez na questão "O que é ser um Messias?". Como ainda não cheguei ao meu destino final, o que apresento neste livro é uma exposição parcial dos fatos.

Porém, ao mesmo tempo, *As Leis de Messias* não são algo que eu possa pregar quando envelhecer e estiver prestes a morrer. Em certo sentido, transmiti meus ensinamentos de modo intensivo, com o espírito de que a minha vida pode terminar a qualquer momento.

Estas são *As Leis de Messias – As Leis de Salvador* – que eu, Ryuho Okawa, proferi aos 65 anos de idade.

Ryuho Okawa
Mestre e CEO do Grupo Happy Science
Novembro de 2021

CAPÍTULO
UM

Elohim pensa, aqui e agora

*Os ensinamentos do Deus da Terra,
que distinguem o bem do mal*

1

A origem do bem e do mal na Terra

Este capítulo, "Elohim pensa, aqui e agora", baseia-se na 77ª palestra que dei no Grande Templo Sede Shoshinkan, em 2021, em comemoração à Festividade El Cantare, e é um tema de certa forma único e difícil.

No outono[1] de 2021, lançamos o filme *As Leis do Universo – A Era de Elohim*, a parte 2 da franquia. Mas o filme por si só não é suficiente para transmitir os ensinamentos e pensamentos de Elohim, então eu gostaria de expor Sua maneira básica de pensar de forma organizada. Acredito que esses pensamentos devem servir de critério padrão para a humanidade pensar e julgar, sobretudo nesta época em que as pessoas estão sofrendo e se sentindo confusas.

Para dar uma visão geral, antes de a humanidade prosperar aqui na Terra, os seres humanoides viviam em Vênus, quando ainda não era tão quente como hoje. O planeta vizinho agora não é mais habitável, porque está extremamente quente e envolto por gases tóxicos. Assim, o próximo objetivo que eu pensei era estabelecer uma civilização humana na

---

[1] Refere-se às estações do ano do hemisfério norte. (N. do T.)

Terra. Isso ocorreu há 600 milhões de anos. Naquela época, em Vênus, eu era chamado de El Miore, e mudei meu nome para El Cantare quando vim para a Terra. Basicamente, "El" significa "Deus" ou "Luz de Deus". "Cantare" pode significar "música" em línguas latinas como o italiano e o espanhol, por exemplo. Mas, juntando tudo, o nome completo significa a "Luz da Terra", ou o "Deus da Terra".

El Cantare começou a criar os seres humanos terráqueos há cerca de 600 milhões de anos. E cerca de 330 milhões de anos atrás, Ele enviou pela primeira vez a materialização de parte de Sua alma ao mundo terreno. Seu nome na época era Alpha. Na Happy Science, já preguei *As Leis de Alpha*[2], descrevendo nessa obra quais eram os pensamentos do Criador e o trabalho realizado por Ele.

Então, pela segunda vez, parte da alma de El Cantare veio à Terra para viver em um corpo físico sob o nome de Elohim. Tanto "Alpha" como "Elohim" são nomes daqui do mundo terreno, mas o nome verdadeiro é "El Cantare".

Elohim nasceu na Terra há cerca de 150 milhões de anos e, por muito tempo, guiou a humanidade usando esse nome. Por isso, "Elohim" aparece no Antigo Testamento e alguns muçulmanos dizem que às vezes oram para Elohim, em vez de Alá. Quando dei uma palestra no Canadá, um uigur que havia emigrado para lá comentou isso ao ser entrevistado. Ele disse algo como: "Em vez de dizer

---

2 Ver *Alpha no Ho* ("As Leis de Alpha", Tóquio: Happy Science, 2012).

'Alá', às vezes oramos pronunciando o nome 'Elohim'". Assim, este nome é usado há muito tempo.

Agora, sob o nome El Cantare, estou mais uma vez pregando as Leis para a nova era, e os fundamentos para criar uma história duradoura da humanidade. Meus ensinamentos são diversificados, e não tenho certeza do quanto será transmitido para as próximas gerações. Porém, imagino que algumas pessoas queiram conhecer diversos temas em detalhe, por isso estou pregando vários tipos de ensinamentos.

Neste capítulo, eu gostaria de me concentrar em Elohim – o segundo Advento de El Cantare, que foi mostrado no filme *As Leis do Universo – A Era de Elohim* – e falar sobre as ideias que Elohim tentou apresentar como as diretrizes básicas na Terra.

Desde a época de Elohim, entidades conhecidas como deuses étnicos apareceram em vários países ao redor do mundo para pregar diferentes ensinamentos. Muitas vezes, as doutrinas deles entravam em contradição umas com as outras, o que deu origem a guerras, desarmonia, formação de castas e discriminação. Então, hoje eu gostaria de falar sobre os ensinamentos originais do Senhor Deus.

"As Leis de Alpha" são, em essência, as Leis do Criador, e são ensinamentos cheios de esperança que nos ensinam com que objetivo Ele deu um corpo físico aos humanos para viverem na Terra e que tipo de mundo eles deveriam se esforçar para construir. Além disso, ensinam-nos que Alpha não apenas criou a raça humana como forma de vida para nascer na Terra, mas também convidou seres de diferentes planetas que podiam se adaptar às condições terrenas para promover a evolução.

Assim, na era de Alpha as Leis eram sobre a Criação e mostravam como as diversas formas de vida do espaço exterior deveriam coexistir aqui na Terra.

Cerca de mais de 180 milhões de anos depois, no tempo de Elohim, tornou-se necessário esclarecer o que era o bem e o que era o mal em termos terrenos.

Naquela época, o reino do Inferno ainda não estava claramente formado e separado como agora, mas já havia discórdia e um sentimento de desigualdade entre as pessoas. E, depois de deixar o mundo terreno, muitas delas começaram a determinar seu modo de vida e *status* no outro mundo com base nos valores que possuíam enquanto viveram na Terra.

Uma das metas para este planeta era criar uma sociedade ideal a fim de transformá-la numa utopia. Mas esse pensamento de criar sociedades ideais às vezes levava as pessoas a esquecerem a missão original que tinham no mundo espiritual. Às vezes, como resultado, muitas delas começaram a se apegar a sua vida terrena, acreditando que este mundo tridimensional era o mundo verdadeiro, e perderam o interesse pelo mundo espiritual.

Então, também no mundo espiritual elas começaram a se distinguir umas das outras pelas diferenças que tinham na Terra, por exemplo, em relação a *status*, patrimônio, cor de pele ou gênero.

O reino do Inferno ainda não estava bem definido na época, mas os espíritos passaram a viver separadamente na quarta dimensão; alguns habitavam terrenos mais altos ou colinas, enquanto outros moravam dentro de cavernas ou em pântanos em regiões mais baixas. Isso foi antes que o Inferno começasse a se formar nitidamente.

Como aparece retratado no filme *As Leis do Universo – A Era de Elohim*, há cerca de 120 milhões de anos, Miguel, o líder dos Sete Arcanjos, nasceu na Terra; seu irmão gêmeo, Lúcifer, nasceu sob o nome de Satanás. Lúcifer ficou com inveja de Deus e, no final, acabou sendo derrotado por Miguel, seu irmão mais velho. Lúcifer dizia a si mesmo: "Por que é errado ter inveja de Deus? Por que eu mesmo não posso me tornar Deus?". Depois de agir como Deus na Terra, quando ele caiu no abismo após sua morte, tornou-se o rei daquele local. Ele é o comandante número um do Inferno e possui muitos servos.

Em geral, os indivíduos que após a morte se tornaram demônios foram, em vida, reis ou monarcas tiranos, líderes religiosos e filósofos que desencaminharam pessoas e personalidades com *status* social e influência elevados, e que conduziram muita gente na direção errada. Essas pessoas são a origem dos demônios. Sob o comando de Lúcifer, elas vêm atuando de diferentes formas há muitos anos para expandir o Inferno em vários países ao redor do mundo.

2

Como distinguir o bem do mal na era moderna, que ignora as Leis de Deus

O que ocorre se o modo de pensar de um líder se afasta da Vontade Divina

Quando vivemos neste mundo, muitas vezes não sabemos discernir tão claramente o bem do mal. As pessoas deste mundo podem ter admiração por outras com base em sua profissão, origem familiar, fortuna ou aparência. Na era atual, há até cantores e atores que são alvo de admiração. Mas, entre as pessoas respeitadas por todos neste mundo, existem algumas que são verdadeiramente boas aos olhos de Deus, e outras que não são.

Mesmo entre os primeiros-ministros japoneses, alguns retornam para o Céu após a morte, outros infelizmente vão para o Inferno.

Para os humanos, é muito difícil fazer essa distinção, porque eles não julgam com base na Lei de Deus, mas em suas próprias formas de pensar ou nas leis que foram criadas neste mundo, que nem sempre estão corretas. Além disso, nos últimos 200 anos há uma grande expectativa de que os meios de comunicação desempenhem o papel de evitar o surgimento de maus governantes, criticando, acusando e derrubando líderes malignos, mas tanto os elementos bons quanto os maus estão misturados em seu trabalho.

Os jornalistas fazem um julgamento com base no senso comum, no conhecimento, na ciência e no estudo acadêmico terrenos. Portanto, se essas formas de pensar terrenas estiverem erradas, o critério para distinguir o bem e o mal também estará errado.

É por isso que em determinado país, que não vou mencionar, até um jornalista influente infelizmente pode cair no Inferno, o mesmo mundo para onde foram os oponentes que ele havia criticado. Então, não existem apenas batalhas entre anjos e demônios, mas também batalhas entre demônios. Este é um problema muito difícil que enfrentamos agora.

Há indivíduos que têm fé e têm disposição para orar a Deus e, nessas condições, pensam: "As pessoas podem criar sistemas políticos e leis que acham que funcionarão, mas o que os humanos criam nem sempre é perfeito. Acima do plano humano está o conceito de Deus ou Buda; por isso, o melhor é que os políticos e legisladores criem sistemas que reflitam a Sua Vontade como Seus representantes e os executem no mundo terreno; isso é o bem". Mas tais batalhas mostram que agora estão surgindo formas de pensar diferentes.

Hoje, por exemplo, a mentalidade democrática de tipo ocidental – como o regime democrático, os sistemas parlamentar e partidário, a ideia do Estado de Direito – está sendo aceita como um valor universal, mas nem tudo pode ser admitido.

Vamos pensar sobre o Estado de Direito. Nesse sistema, em última análise, as leis são decididas pela maioria de votos dos representantes dos homens deste mundo. Se o senso comum deste mundo estiver errado ou se os parlamentares que constituem a maioria são do tipo que, em vez de rezar a Deus, pensam de maneira errada e criam leis baseadas em seus próprios interesses a fim de fazer valer seus direitos, então essas leis podem ganhar força para transformar este mundo terreno em um inferno.

Além disso, se a maioria dos parlamentares não tem fé ou se entrega às tentações mundanas e até ouve sussurros dos demônios, então a democracia eleitoral não pode ser considerada um sistema perfeito.

Alguns dirigentes implantam políticas ditatoriais de partido único ou regimes despóticos. Seu líder pode governar centenas de milhões ou até um bilhão de pessoas com sua maneira de pensar como se fosse a vontade de Deus, mas, se na verdade o pensamento dele está distante do coração de Deus, há um grande problema. É possível que ele faça uma lavagem cerebral em todo o povo, admitindo somente ideias de determinada linha e rejeitando as demais. Ele também pode limitar a liberdade das pessoas, dizendo que são livres, exceto para questões políticas. Ou seja, na política, esse líder não permite ser criticado.

Isso acontece na China e também na Coreia do Norte. Em Myanmar, acho que as pessoas logo serão incapazes de criticar o atual líder militar. Mesmo na Tailândia, uma nação budista e, portanto, de regime diferente, é proibido criticar o rei, não só dentro do país; aqueles que criticam o rei mesmo estando no exterior também serão presos quando voltarem para o seu país.

Portanto, quando aqueles que estão no poder deste mundo começam a se preservar porque se consideram donos de um poder onisciente e onipotente como o de Deus, infelizmente um inferno pode aparecer novamente neste mundo.

O perigo do totalitarismo conduzido por um governante que nega o conceito de Deus

Como já falei diversas vezes sobre o totalitarismo, uma de suas características é a tendência de recorrer a uma revolução brutal ou governar pela violência, como parte normal do sistema.

Além disso, os países totalitários tendem a usar a polícia secreta e recursos similares, que hoje corresponderiam a se valer de escutas telefônicas, rastrear secretamente seus alvos e empregar câmeras de vigilância para controlar a população.

Eles também têm campos de concentração para onde enviam pessoas consideradas politicamente inconvenientes, deixando-as confinadas e isoladas.

Na realidade, esses líderes que negam os pensamentos de Deus cairão no Inferno e ficarão isolados num lugar chamado Inferno Sem Fim, onde não têm permissão para falar com os outros. Eles são deixados sozinhos na escuridão total porque são criminosos ideológicos que podem espalhar seus pontos de vista se entrarem em contato com os demais.

Mas, neste mundo, muitas vezes são eles que isolam e confinam seus opositores como prisioneiros políticos. Podemos considerar que os regimes que possuem essa tendência são totalitários.

Há mais um ponto que não devemos esquecer: em países totalitários costumam ocorrer rebeliões, e os governantes tentarão sufocá-las ou destruí-las. Essa é uma tendência natural deles. As pessoas em geral esperam que a paz e a ordem se estabeleçam quando o governo reprime uma rebelião, mas não é isso que ocorre. Também devo deixar isso bem claro.

Depois que a rebelião for suprimida, uma situação ainda mais assustadora virá.

Na verdade, as nações totalitárias estão sempre fazendo inimigos. Elas continuarão a criar novos inimigos e começar novas lutas, invadir suas terras ou destruí-los. Essa é a parte assustadora.

Embora algumas pessoas considerem as revoluções como atos bons e absolutos incondicionalmente, eu penso que o propósito de uma revolução deve ser o estabelecimento da liberdade política, que significa criar sistemas que reflitam a visão de diversas pessoas, buscando constantemente o que é certo e discutindo isso com os outros. Esse é o tipo de política necessário.

Mas, em alguns países, assim que se estabelece um regime após uma revolução, os líderes irão reprimir movimentos contrarrevolucionários, enviarão os opositores para campos de concentração ou até mesmo irão executá-los. Isso não pode ser chamado de uma verdadeira revolução; em vez disso, poderíamos dizer que é um terrorismo em nível nacional.

Quando os governantes admitem a violência em demasia e acreditam que a maior virtude é preservar o Estado e que os cidadãos devem servir ao regime, eles pensarão que as pessoas que se rebelam contra o país são antipatrióticas e não podem escapar de qualquer repressão. Esses governantes tendem a pensar assim porque é conveniente para quem está no poder, mas considero essa forma de pensamento extremamente perigosa.

Deixe-me explicar isso melhor usando o exemplo de Hong Kong. É um lugar pequeno, uma região minúscula com apenas alguns milhões de habitantes, mas era o terceiro maior centro financeiro do mundo. Estou usando o verbo no passado: "era" uma grande cidade financeira.

A prosperidade econômica não pode ser alcançada sem liberdade. Mas, ao afirmar o regime de "um país, um sistema", a China quis governar Hong Kong da mesma forma que administra a China continental. Então, de imediato começaram a ocorrer desordens, repressões e o movimento para esmagar a revolução. Alguma coisa está errada aqui.

Isso significa que alguns líderes do governo de Pequim não entendem os princípios da economia e, embora comemorem o centenário do Partido Comunista, continuam incapazes de perceber os erros da revolução comunista; estão apenas elogiando suas conquistas.

Considero que uma boa sociedade é aquela na qual as pessoas têm igualdade, podem se livrar de um sistema hierárquico do tipo feudal, têm várias oportunidades e liberdade de obter sucesso.

Porém, se os governantes agem com violência unilateral para alcançar a igualdade de resultados, oprimindo os direitos e a liberdade das pessoas, e acham isso uma ação natural, considero esta situação muito infeliz.

O que estou tentando dizer é que não existe utopia baseada na racionalização da inveja.

É possível fazer as coisas parecerem boas, mas se os governantes começam a anular todos os esforços feitos por aqueles que são bem-sucedidos e só pensam em manter o próprio poder, creio que as pessoas devem protestar.

Em certo país, 2 milhões de pessoas foram mortas, inclusive intelectuais e aquelas que estudaram no exterior;

todas elas se tornaram caveiras. Às vezes surge um regime assim, que mata os indivíduos que expressam suas opiniões.

No entanto, as nações estrangeiras também devem criticar o que está errado como sendo errado. Mas, se o Estado tirano não dá ouvidos às críticas, acusando essas nações de intervenção injustificada em assuntos domésticos, faz um controle centralizado da população e ainda coloca seu povo sob vigilância, esta é uma situação extremamente, extremamente perigosa.

3

O Japão deve dizer o que precisa ser dito, tendo em vista o futuro

O século XX foi um período de guerras e de revoluções, mas penso que o século XXI também pode trazer um futuro assustador, de um modo diferente. Devemos organizar e corrigir agora nossa forma de pensar sobre essa questão.

De que maneira? Os tempos mudaram; com a evolução dos computadores, hoje diversas tarefas podem ser processadas num instante. Porém, se as empresas pensarem apenas no próprio lucro fabricando produtos que vendem bem e trazem dinheiro, elas poderão cometer um erro em questões muito maiores e mais importantes.

Por exemplo, na China continental há cerca de uma câmera de vigilância para cada dois cidadãos. A maior parte das peças que compõem essas câmeras é de fabricação japonesa. Então, é como se as câmeras fossem produzidas por empresas japonesas, mas estas companhias deveriam considerar o propósito final da fabricação desses produtos.

Acredito que é bom dar emprego em fábricas ao povo chinês, que viveu na miséria por muito tempo, e ajudá-lo a crescer economicamente. Mas, pouco tempo atrás, o governo francês impôs sanções às empresas japonesas que fabricam seus produtos na Região Autônoma de Uigur, onde o governo chinês impõe o trabalho forçado, e vendem produtos baratos em grande quantidade e com baixa margem de lucro. Porém, acho que o governo japonês está evitando essa questão de maneira astuta.

Imagino que seja difícil separar a economia da política, mas se o Japão é um país com certa influência de opinião no cenário mundial, ele deve dizer claramente o que é permitido fazer e o que não é.

É bom que haja investimentos com capital estrangeiro para criar novos tipos de profissão e trazer prosperidade econômica para muita gente, mas isso deve ser feito com a condição de que os cidadãos não sejam oprimidos, atormentados ou tratados de forma desumana.

Nos Estados Unidos, na época do governo de Abraham Lincoln, houve uma Guerra Civil entre os estados do Norte e do Sul do país por causa dos direitos de propriedade sobre os negros. Os habitantes do Sul viam os negros como propriedade e não os tratavam como humanos, o que resultou na Guerra de Secessão.

Eles alegavam que precisavam usá-los para desenvolver suas plantações de algodão, e lutaram por esta causa. Lincoln não queria que os americanos brigassem entre si, mas depois de pensar seriamente sobre o conceito de justiça, concluiu que não era correto manter humanos como escravos. Então, começou uma guerra que matou cerca de 610 mil pessoas. Apesar disso, acredito que Lincoln se tornou o "deus" mais famoso dos Estados Unidos.

Este episódio mostra que às vezes você deve expressar o que precisa ser dito, mesmo que isso seja doloroso.

O totalitarismo do governo de Pequim colocou Hong Kong em um estado de completa repressão. Eles até congelaram os ativos de um pequeno jornal chamado *Apple Daily* para impedi-lo de divulgar informações, enquanto o mundo estava assistindo. Pequim executou seu plano até o fim, afirmando que qualquer crítica contrária a isso seria uma "interferência em assuntos internos".

Se o fato de colocar Hong Kong sob as mesmas regras do resto da China pudesse trazer paz, ordem e um mundo mais seguro, eu entenderia o que estariam fazendo.

Mas, como eu disse, observando a tendência do totalitarismo, depois de assumir o controle de Hong Kong, o próximo local que aquele governo cobiçará será Taiwan. Não há dúvida disso. Em seguida, eles vão querer tomar as ilhas Senkaku e Okinawa, assim como as Filipinas – suas ilhas e seu território principal – e o Vietnã. Para isso, Pequim já se apoderou do regime militar de Myanmar e está avançando com os preparativos para dominação.

Mesmo sabendo desses fatos, a democracia americana costuma balançar com um pêndulo, o que permitiu que Biden chegasse ao poder. Seis meses após o início de sua administração, eles perceberam que o que diziam estava equivocado e agora estão corrigindo o seu rumo. Admitiram que o ex-presidente Trump estava certo, que eles erraram e agora estão fazendo as correções.

As pessoas costumavam rejeitar as opiniões de Trump, considerando-as "teorias da conspiração"; acusavam-no de inventar conspirações, mas agora estão arrependidas e o país começa a tomar decisões tipicamente americanas. Mas é fato que cometeram erros e regrediram um pouco.

Portanto, espero que os Estados Unidos funcionem como uma nação saudável a partir de agora.

Aliás, o Japão tem problemas semelhantes. Espero que seus governantes pensem de um ponto de vista mais universal, considerando os próximos dez ou vinte anos ou mais para fazer o que acham correto em longo prazo, em vez de executar políticas que os beneficiem apenas durante seus mandatos.

4

O perigo do totalitarismo no século XXI e a luta pela liberdade

◆◇◆

Alerta 1 – Os governantes japoneses aprenderam que podem controlar os direitos da população

Sinto que o Japão está ficando prensado entre os Estados Unidos e a China, e começa a mostrar tendências totalitárias. Nos últimos dois anos seus líderes políticos aprenderam a restringir os direitos da população com um único comando.

Eles podem acabar com determinado setor, impor toque de recolher à população e proibir as pessoas de se deslocarem entre as províncias. Por exemplo, no dia seguinte ao da palestra que originou este capítulo, Tóquio declarou estado de emergência, embora não tenha decretado uma lei marcial. Então, ao viajar de Tóquio para Tochigi a fim de assistir à minha palestra, as pessoas poderiam suspeitar que iríamos trazer muitos vírus de Tóquio e espalhá-los em Tochigi.

Se os políticos se acostumarem a ter essa autoridade, talvez não consigam mais abrir mão dela. Isso é um tipo de poder. É semelhante ao que pensa o governo de Pequim, por isso precisamos ter cuidado.

Podemos aceitar o que se acredita ser bom até certo ponto, mas devemos protestar se isso se tornar a regra e os políticos pensarem que podem fazer o que quiserem.

Quando o Japão decretou o terceiro estado de emergência, estabeleceu que as pessoas poderiam ir ao teatro para assistir a uma peça, mas não poderiam ir a cinemas instalados em grandes prédios, com uma área superior a 1.000m². Então, dois diretores de cinema reclamaram, e essa restrição foi suspensa.

A obediência é uma das virtudes do povo japonês, mas se você acha que algo está errado, deve se manifestar. Não houve nenhum caso de infecção individual ou contaminação em grupo pelo coronavírus em salas de cinema, então por que a exibição de filmes deveria ser restrita? Se você acha que existe algo estranho, precisa contestar, em vez de apenas consentir e ficar calado.

No momento, o governo japonês está camuflando a situação ao distribuir muitos subsídios e fazendo parecer que tem fundos suficientes. Mas, provavelmente iremos enfrentar uma grande recessão ou uma tragédia em certos setores no futuro próximo. Mesmo que as empresas possam sobreviver por enquanto, talvez não consigam chegar ao fim.

E a consequência mais assustadora de todas é que as pessoas passem a rejeitar umas às outras. Um dos princípios da economia afirma que "os negócios se desenvolvem quando fazem com que muitas pessoas usem ou comprem seus produtos ou recebam seus serviços". Mas esta filosofia agora está sendo abalada em seu âmago. As pessoas estão começando a achar que é certo impedir ou evitar encontros. Isso pode ser conveniente em algumas situações, mas não em outras.

A palestra que originou este capítulo, por exemplo, não pôde ser dada em um auditório com capacidade superior a 10 mil pessoas, por isso realizei-a no nosso Grande Templo Sede Sohonzan Shoshinkan, com transmissão via satélite. É bom que as pessoas possam assistir às minhas palestras via satélite, mas, se essa situação continuar, o governo pode impedir que grupos específicos se reúnam. Precisamos estar cientes desse perigo.

Alerta 2 – O surgimento do "totalitarismo da IA" e do "capitalismo de vigilância"

Vigilância por câmeras e drones na China

Outra mudança que estamos vendo neste século é o surgimento do que poderia ser chamado de "totalitarismo da Inteligência Artificial (IA)". Ainda não houve compreensão e julgamento suficientes sobre essa questão.

A IA toma decisões para nós com base em uma enorme quantidade de informações. Eu disse que na China há uma câmera de vigilância para cada dois cidadãos. Como se não bastasse, há drones voando por lá. Esses aparelhos podem, por exemplo, detectar e identificar uma pessoa que esteja sem máscara. Se tirarem uma foto dela, logo depois alguém virá prendê-la. E, se ela for levada a um campo de concentração, sua família não saberá para onde ela foi levada. Esse tipo de controle está além do aceitável; é muito provável que seja considerado uma violação dos direitos humanos.

Pessoas que trabalham em empresas associadas à IA provavelmente estão sendo beneficiadas com grandes lucros; então, hesito em dizer isso, mas não devemos ficar felizes com esse totalitarismo da IA. Precisamos saber que não se deve ir tão longe a ponto de violar os direitos humanos.

Corporações gigantescas têm o poder de abafar até as opiniões do presidente dos EUA

Em outras palavras, dizem agora que chegou a era do "capitalismo de vigilância". Não se trata apenas da China. Isso está ocorrendo também nos EUA, no Japão e em outros países devido a empresas gigantescas como as da sigla GAFA – Google, Apple, Facebook (Meta) e Amazon.

Essas gigantes estão obtendo lucros enormes, porque fazem pleno uso das informações e atuam no mundo todo oferecendo serviços muito práticos para a época atual. Inclusive alguns países aumentaram sua receita tributária graças a elas. Mas também é verdade que empresas como as da GAFA podem controlar todas as informações de seus clientes por meio de dados eletrônicos. Isso é chamado de "capitalismo de vigilância", e significa que um novo poder surgiu. O mundo ainda está para fazer um bom julgamento sobre essa questão de um ponto de vista mais amplo.

Para dar um exemplo específico, na última eleição presidencial dos Estados Unidos, e mesmo agora, uma certa empresa pôde e pode tomar a decisão de não divulgar comentários do então presidente em exercício. Isso significa que a empresa começa a ter um poder semelhante ao do poder legislativo. Para ser mais específico, quando Trump era presidente, sua conta do Twitter foi bloqueada. E, mesmo depois que ele deixou o cargo e se mudou para a Flórida, o Facebook decidiu suspender a conta dele por dois anos, ou seja, até que as eleições de meio de mandato terminem. Esse tipo de ação beneficia apenas determinado partido, mas deixa os demais de fora.

E não estão claros os critérios usados nessa tomada de decisão. Também não se sabe com quem está esse poder: se reuniram a cúpula da empresa para discutir a questão e o CEO tomou a decisão ou se a decisão foi tomada por alguém da chefia que estava no comando.

A censura que vivenciei em Hong Kong

Algumas pessoas dizem que a China começou a oprimir Hong Kong recentemente, mas na verdade isso já vem ocorrendo há certo tempo.

Como já comentei, fui a Hong Kong em 2011 e dei uma palestra[3] durante um tufão. Na noite anterior à palestra, cheguei ao meu hotel e vi que estava passando na tevê o nosso filme *As Leis da Eternidade*[4].

Talvez nossa filial em Hong Kong tenha pedido ao hotel para transmitir o filme. Fiquei assistindo e, quando iria passar uma cena mostrando uma paisagem do mundo espiritual e sua explicação, a tela ficou preta e o filme não voltou mais.

Isso já havia ocorrido em 2011, numa época em que Xi Jinping ainda não havia tomado completamente o poder. A tevê saiu do ar quando iriam aparecer cenas do mundo espiritual.

A censura já estava ocorrendo em Hong Kong três anos antes da Revolução dos Guarda-Chuvas. Essa é uma característica de um país totalitário; devemos conhecer bem isso.

Acredito que é importante abominar e rejeitar veementemente uma nação que controla as informações e não permite qualquer declaração a não ser daqueles que juram lealdade ao país.

---

[3] Palestra intitulada *The Fact And The Truth* (em tradução livre, "O Fato e a Verdade"). Ver *Okawa Ryuho, Philippines / Hong Kong Junshaku no Kiseki* (em tradução livre, "A trajetória da viagem missionária de Ryuho Okawa – Filipinas / Hong Kong", Tóquio: IRH Press, 2011) para mais informações sobre essa viagem missionária.

[4] Produtor executivo: Ryuho Okawa, 2006.

Estabeleça a liberdade e crie uma sociedade capaz de distinguir o bem do mal

Estabelecer a liberdade é essencial porque, embora ela possa dar origem ao mal, é importante que as pessoas tenham liberdade para entender a diferença entre o bem e o mal e escolham o que é certo.

Por exemplo, existem roupas de todos os tipos, e as pessoas podem experimentá-las e escolher as que gostaram. Como resultado, os produtos bons venderão mais e o negócio crescerá, enquanto os produtos ruins desaparecerão. O mesmo acontece até com histórias em quadrinhos; as boas irão se espalhar, enquanto as ruins serão eliminadas.

A ideia é que os produtos sejam inseridos em uma competição de livre mercado e que os consumidores decidam. Assim, devemos aceitar certa margem de concorrência entre os produtos.

Em 1991, lutamos contra a revista japonesa *Friday*; ela nos atacou de forma unilateral com base em um mal-entendido, usando seu poder de publicação e divulgação em massa. Tínhamos acabado de receber o registro legal de organização religiosa, então nos sentimos ofendidos e saímos para protestar.

Mas, ao pensar nisso agora, posso dizer que revistas semanais como a *Friday* e jornais esportivos – que geralmente não são tão respeitados – às vezes trazem relatos verdadeiros. Por exemplo, os jornais esportivos e as edições noturnas publicam artigos sobre o avistamento de óvnis, alienígenas ou fantasmas, mas os principais jornais japoneses raramente divulgam esse tipo de história.

Da mesma forma, esses assuntos quase nunca são mostrados nos programas de tevê transmitidos a partir de Tóquio. Eles exibem notícias negativas, mas evitam qualquer assunto relacionado a coisas espirituais ou sobre extraterrestres. Contudo, essa atitude não é necessariamente correta.

Nos Estados Unidos, o Departamento de Defesa divulgou um relatório sobre 144 casos de avistamento de óvnis. Declararam que apenas um deles era um balão, e que os outros 143 ainda são um mistério. Eles disseram que poderiam ser armas desconhecidas de outros países, mas também não descartavam a possibilidade de serem ETs. É muito difícil explorar mais a fundo esse assunto.

O Japão está inerte, procurando não se pronunciar; limita-se a repassar informações, mas nós, da Happy Science, temos divulgado esse tipo de informação. As autoridades e instituições já existentes não conseguem esclarecer essa área desconhecida, e às vezes escondem a verdade; por isso, devemos nos manter firmes e lutar.

5

O peso do trabalho do Salvador num mundo com 8 bilhões de pessoas

Humanos, tenham fé e ouçam as palavras de Deus

No mundo, existem diferentes maneiras de pensar, dependendo da religião ou do sistema legal, por isso é difícil unificá-las. Mas aceitar essa diversidade tem sido parte da história da Terra, e estamos dispostos a continuar a fazê-lo. Eu só quero que você diga às pessoas ao redor do mundo que os juízos de valor que venho ensinando serão a base de como pensar.

Tenho dado muitas mensagens importantes, mas, infelizmente, ainda não podemos dizer que se espalharam o suficiente. Por isso, estou determinado a transmitir a verdade para o maior número possível de pessoas.

Já apontei muitos erros na ditadura comunista de partido único e na política despótica, mas, agora, até mesmo a democracia do tipo ocidental está começando a mostrar traços perigosos. Há também diversas partes do mundo onde os líderes militares forjam golpes de Estado para chegar ao poder.

Quando o uso da violência é priorizado, as opiniões não conseguem vencer as armas. Há um ditado que diz: "A caneta é mais poderosa que a espada", mas na realidade uma caneta não pode vencer a espada. Uma espada não pode vencer uma arma de fogo. Porém, algumas pessoas não se escondem para defender a violência e dizem: "Não há nada de errado em usar armas e matar pessoas em nome da revolução". Também acham que precisam apenas controlar as informações e ocultar o que aconteceu. Se aceitarmos essa filosofia, teremos um futuro muito difícil.

Mesmo as sociedades consideradas democráticas estão inclinadas ao totalitarismo em termos da visão das pessoas sobre as questões de direitos humanos e das mudanças climáticas. Se essa tendência for levada ao extremo, precisaremos dizer o que deve ser dito.

Existe uma diferença de gênero, mas se essa questão de gênero for muito longe, tratada com liberalismo em excesso, será difícil viver neste mundo. Quando a humanidade foi criada, ela foi separada em homens e mulheres. Esta é a diretriz da Terra. Neste mundo dos humanos, algumas pessoas mudaram sua forma de pensar a respeito disso, já que é possível trocar de gênero usando tecnologia biológica ou médica, mas precisam julgar se essa escolha é certa também do ponto de vista da alma.

É claro que os direitos humanos são importantes, mas se as pessoas tratarem essa questão com liberalismo exagerado, elas podem cair nas mãos do demônio.

Primeiro, por favor, tenha fé.
Ouça as palavras de Deus.
Não ignore a sabedoria
Da longa história da humanidade.
Sob tais condições,
Pode haver prosperidade científica e material,
Mas este mundo não é a morada final da humanidade;
É apenas um campo de treinamento da alma.

Tenha sempre essas diretrizes em mente e escolha o que é certo entre os diversos sistemas de valores. Também é nosso trabalho preservar o mundo terreno para que possamos usá-lo por muito tempo como um campo de treinamento a fim de polir nossa sabedoria para fazer a escolha certa.

Como Salvador, quero mudar pensamentos equivocados da humanidade

A verdade sobre a vida após a morte ainda não é amplamente conhecida no mundo de hoje, mas desejo que os ensinamentos da Happy Science se espalhem por todos os cantos da Terra. Não é fácil fazer isso, entretanto já temos seguidores em mais de 160 países.

O poder do Japão sozinho não é suficiente. Se uma semente for plantada em seu país, por favor, faça-a brotar e florescer. Por favor, multiplique-a para um grupo de dezenas de milhares, centenas de milhares ou milhões de pessoas.

Existem coisas que não podemos fazer como desejamos. Na Índia, por exemplo, temos uma grande quantidade de seguidores, mas é muito difícil construir instalações com infraestrutura que possam conectar todos eles. Até mesmo o envio de dinheiro do Japão para lá às vezes é difícil.

Cada país tem uma situação diferente. Assim, faça o que puder para divulgar os ensinamentos. Eu gostaria que todos os nossos seguidores se esforçassem neste sentido.

Com base nos ensinamentos da Happy Science, se você encontrar erros nos trabalhos da política atual, da economia ou da mídia em seu país, por favor, fale e expresse suas opiniões. Se você encontrar algo errado, por favor, diga que está errado.

Quanto ao Japão, o atual primeiro-ministro pensou que bastaria aplicar vacinas na população e tudo estaria resolvido, que as Olimpíadas seriam um sucesso. Mas as coisas não estão indo como ele deseja; a luta ainda vai continuar.

No entanto, devemos superar.

Quanto a mim, continuarei lutando, tendo como princípio proteger aqueles que têm fé.

É verdade que, de certa forma,
As questões que envolvem doenças como a covid-19
São um tipo de materialismo,
Portanto, por favor,
Não seja derrotado por esse mal e seja forte em sua mente.
Por favor, diga isso também aos outros.

Eu realmente peço isso a você.
A população mundial
Está se aproximando de 8 bilhões de pessoas,
E mais da metade delas tem pensamentos errados
E está tentando criar um mundo sem fé.
Se isso continuar, começarão a ocorrer efeitos colaterais.
Por isso, eu realmente gostaria de mudar
A maneira de pensar da humanidade
Antes que isso aconteça.
Eu considero que este é o trabalho do Salvador.

Minha missão desta vez é pesada,
Com tantos países no mundo.
Estamos vivendo em uma época em que
O vírus está se alastrando,
E não podemos nos deslocar livremente.
Mesmo assim, aconteça o que acontecer,
Acredito que nossos ensinamentos
Têm de superar a situação e se propagar.
Por favor, construa sua vida e seu trabalho
Com base em sua fé.
E transmita para o maior número de pessoas possível
A maneira certa de viver como ser humano.

CAPÍTULO
DOIS

O que o Messias de hoje deve dizer e fazer

*A diretriz no ponto de inflexão
da história da humanidade*

1

O contexto histórico do século XX, quando desceu o "Messias da era moderna"

Este capítulo, intitulado "O que o Messias de hoje deve dizer e fazer", será tão desafiador quanto foi o primeiro, "Elohim pensa, aqui e agora".

Vindo de mim, considero muito difícil abordar este tema. Na verdade, eu gostaria de fazer um relato de eventos futuros no estilo do *Livro do Apocalipse*[5], mas atualmente estou vivo e estou trabalhando, ainda estamos no meio de nossas atividades. Creio que não seria adequado eu fazer profecias do futuro com naturalidade, de um modo imparcial, como no livro bíblico.

Uma das formas de fazer isso seria voltar a 1900. Mas quantas pessoas que viveram no ano de 1900, por exemplo, teriam sido capazes de dizer com exatidão como seria o século XX? Não creio que alguém teria previsto a deflagração da Primeira e da Segunda Guerras Mundiais,

---

5 O *Livro do Apocalipse* (também chamado de Apocalipse de João) compõe o último livro da Bíblia cristã. (N. do E.)

a Revolução Russa e a Revolução Comunista, a ascensão e queda da União Soviética, a derrota da Alemanha na Primeira Guerra Mundial e seu rearmamento em apenas vinte anos, que levaria as grandes potências à Segunda Guerra Mundial.

Ninguém conseguiria antever que, após essa guerra, as nações vitoriosas formariam a Organização das Nações Unidas (ONU), mas que acabariam divididas em dois blocos, como estão hoje, o que compromete seu funcionamento.

Ouvi dizer que havia uma previsão de que a União Soviética chegaria ao fim depois de 76 anos. Agora, o Partido Comunista da China (PCC) celebrou seu centésimo aniversário e planeja dar saltos maiores. Porém, a ideia de totalitarismo tem sido contestada.

Por exemplo, li recentemente no jornal uma matéria que dizia o seguinte: "O fascismo da Alemanha nazista foi derrotado graças à entrada da União Soviética na guerra. O estalinismo na União Soviética e o regime revolucionário implantados por Stalin são inimigos do nazismo; portanto, este último não deve ser tratado da mesma forma. Isso foi estabelecido por uma nova lei na Rússia. Em vista disso, a liberdade de expressão e a liberdade acadêmica serão obstruídas".

Entraremos em tempos difíceis. Sempre há momentos em que as nações afirmam sua própria legitimidade e negam ou desprezam aqueles que se opõem a ela.

• O QUE O MESSIAS DE HOJE DEVE DIZER E FAZER •

Comentei anteriormente como seria a perspectiva de alguém que viveu no ano de 1900. E se olhássemos sob a perspectiva do ano 2000? Como foi o século XX? E se pudéssemos refazer a história, o que deveríamos ter feito de modo diferente, como e em que local? Seria muito difícil saber o que poderíamos ter feito.

Na Primeira Guerra Mundial, por exemplo, os caças eram aviões biplanos movidos a hélice, e no início ainda não eram considerados armas de guerra. Quando um piloto cruzava com um inimigo em sua rota no ar, eles se cumprimentavam acenando um para o outro.

Por outro lado, na Segunda Guerra Mundial, com a invenção de bombardeiros e de caças mais modernos, os aviões passaram a lutar entre si e também contra os porta-aviões, navios de guerra, destróieres e submarinos. Houve muitas mudanças e, em apenas vinte anos, o conceito de guerra mudou muito.

Olhando para o século XX a partir do ano 2000, além da deflagração da Primeira e da Segunda Guerras Mundiais e da ocorrência de revoluções, também vimos que foram desenvolvidas bombas atômicas e lançadas sobre as cidades de Hiroshima e Nagasaki. São acontecimentos que com certeza ficarão registrados na história desta civilização moderna de 2 mil e algumas centenas de anos a 3 mil anos.

Pela primeira vez, a humanidade pôde ver de perto o que ocorre quando uma arma nuclear é usada. Uma cidade inteira pode ser destruída e a maior parte de sua população morta ou ferida sem que nenhum dos responsáveis pelo ato suje suas próprias mãos e fique ferido, tudo num piscar de olhos. Quem sabe quanta culpa o piloto sentiu ao apertar o botão e soltar a bomba. Ele pode ter se sentido um pouco culpado, mas deve ter sido condecorado em seu país por seu ato. No entanto, imagino que ele só descobriu se sua ação foi virtuosa ou maléfica depois de sua morte.

Outra ofensiva semelhante foram os ataques aéreos à cidade de Tóquio, que incendiaram muitas casas e mataram 100 mil habitantes numa única noite. Algumas pessoas se jogaram no rio Kanda para escapar das chamas, enquanto outras foram carbonizadas. Se parássemos por algum tempo para observar essa cena, teríamos visto claramente o Inferno do Grito Agonizante[6].

Depois do lançamento das bombas atômicas sobre Hiroshima e Nagasaki, o uso dessas armas foi suspenso por determinado período. Durante a Crise dos Mísseis de Cuba, em 1962, o jovem presidente Kennedy recebeu a informação de que a União Soviética estaria transportando mísseis nucleares para Cuba em navios. Ele impôs um bloqueio naval, Cuba foi cercada pela frota americana, e disse que não hesitaria em ir à guerra se a União

---

6 Inferno conhecido no budismo e na Happy Science, para onde vão aqueles que cometeram um dos maiores pecados, como matar os pais ou um sacerdote e, sobretudo, provocar a desarmonia do Sanga, a ordem religiosa criada por Buda. É um inferno onde o sofrimento imposto é tão intenso que o pecador grita e chora de dor incessantemente. (N. do T.)

Soviética cruzasse aquela linha. E a crise continuou até o último minuto.

Uma pessoa que estudava nos EUA naquele período comentou: "Parecia que uma guerra nuclear entre os EUA e a União Soviética poderia acontecer a qualquer momento. Foi assustador". Mas os líderes mundiais da época ainda guardavam na memória a devastação ocorrida em Hiroshima e Nagasaki, então os navios soviéticos deram meia-volta e recuaram, retirando os mísseis. Dessa forma, a guerra entre os EUA e a União Soviética foi evitada por pouco.

Acredito que isso foi uma espécie de "desafio". Se Kennedy tivesse tido uma postura fraca, as bases ali montadas e os mísseis nucleares levados para Cuba teriam sido postos em ação. E se ocorressem ataques partindo de Cuba para várias cidades do continente americano, teria sido impossível protegê-las.

Mas hoje existe uma situação semelhante. Se a Coreia do Norte lançar mísseis nucleares contra a Coreia do Sul ou o Japão, provavelmente não será possível abater todos eles. O mesmo pode ser dito com relação à ameaça representada pelos mísseis chineses.

Em suma, quando acontece uma tragédia, a humanidade se lembra dela por um tempo, mas depois esquece.

2

A história de invasões das nações poderosas e o Messias

Derrotas dos mais fracos ao longo da história

Hoje fala-se de uma batalha entre a democracia e o despotismo autocrático.

Na Antiguidade, o Império Persa entrou em guerra com a Grécia durante sua expansão territorial; os persas tinham um governo autocrático poderoso e um grande exército. No início, os gregos foram derrotados em uma série de batalhas, e a parte terrestre da Grécia foi quase completamente incendiada pelos persas. Eles tiveram de fugir em embarcações, e por um tempo a Grécia passou a ser vista apenas como um Estado que sobrevivia em barcos que flutuavam no Mediterrâneo.

Depois de perderem todos os conflitos em terra, os gregos conseguiram reverter a situação por meio de batalhas navais. Apesar disso, em terra eles haviam sido derrotados pelos persas, ao passo que as tropas de Esparta – uma cidade-Estado ligada à Grécia por terra e conhecida por ser poderosa – foram dizimadas por completo, como foi retratado no filme *300*[7]. Nessa batalha épica, 300 espartanos lutaram contra 200 mil ou 300 mil persas. Apesar de serem considerados heróis, esses 300 homens travaram uma batalha terrestre que não tinham chance de vencer.

Isso significa que a Grécia, com suas cidades-Estados Atenas e Esparta, estava totalmente indefesa em uma guerra cuja invasão por terra fora ordenada por um único indivíduo, um ditador de uma gigantesca nação autocrática. Entretanto, os persas eram mais fracos em combates navais e foram gradualmente rechaçados no Mediterrâneo.

Outro evento relevante ocorreu com Jesus Cristo, que, de acordo com historiadores religiosos, nasceu por volta do ano 4 a.C. Depois dos 30 anos de idade, realizou um trabalho missionário por três anos e tentou salvar o mundo. Mas, apesar de seu espírito de salvação, foi capturado e crucificado pelos judeus com outros criminosos, acusado de mentir sobre Deus e de ensinar uma religião errônea.

Por volta de 70 d.C., o reino de Judá também pereceu. Massacrado no Cerco de Massada, o reino foi dizimado e seu povo se dispersou pelo mundo, o que ficou conhecido como Diáspora. Os judeus viveram por 1.900 anos espalhados pelo mundo todo, conduzindo sistemas financeiros,

---

[7] *300* é um filme de fantasia e guerra norte-americano de 2006, baseado na série de quadrinhos homônima de Frank Miller e Lynn Varley, que retrata a Batalha das Termópilas durante as Guerras Persas. (N. do E.)

negócios e comércio internacional, apoiando-se apenas na fé no Antigo Testamento.

Então, em 1948, por causa do remorso pelo holocausto – o genocídio que resultou no massacre de 6 milhões de judeus pelos nazistas na Alemanha e na Polônia –, estabeleceu-se uma nova nação em uma parte da Palestina com o apoio da Inglaterra, da França, dos Estados Unidos e de outros países.

A criação do Estado de Israel foi uma salvação para os judeus, uma vez que não tinham para onde ir e viviam em constante fuga, buscando um exílio atrás do outro. Porém, esse ato possibilitou o surgimento de novos conflitos na região. Os árabes e palestinos já habitavam aquele local e foram forçados a ceder terras para que se construísse outra nação. Desse modo, a população local foi privada de seus direitos, e naturalmente desejou recuperar o espaço perdido.

Por outro lado, Israel carrega em sua memória o genocídio cometido por Hitler e a lição de que, se não tiver nenhum armamento, uma nação pode perecer, por mais elevada que seja sua cultura.

Apenas um pequeno número de judeus que fugiu da Alemanha para a França conseguiu sobreviver. Alguns foram salvos por terem sido acolhidos em igrejas; a maioria deles fugiu para o Reino Unido e depois para os Estados Unidos, quando o risco de guerra na Inglaterra aumentou. Os judeus que emigraram para os Estados Unidos contribuíram consideravelmente para a prosperidade daquele país após a guerra. Portanto, os judeus provaram sua excelência, mas também ficou claro que até mesmo os excepcionais podem perecer.

A forte defesa armada de Israel e a oposição muçulmana

Quando o Estado de Israel foi fundado, em 1948, a filósofa política Hannah Arendt – uma judia nascida na Alemanha que havia se refugiado nos Estados Unidos vinda da França – parece ter pressentido que esse ato iria trazer péssimas consequências, prevendo que a formação da nação judaica levaria a uma nova guerra.

De fato, houve quatro guerras no Oriente Médio, e lembro-me de que certa vez ela afirmou sentir-se aliviada por Israel ter vencido, pois considerava que a derrota era certa, uma vez que é muito difícil um povo construir sua nação se não possui nenhum território e lutar contra os outros países já existentes na região.

Desde sua fundação, Israel se envolveu em inúmeros conflitos, por isso acabou desenvolvendo uma grande indústria bélica. Não se sabe exatamente qual o tamanho de seu arsenal nuclear, já que não há dados oficiais divulgados, mas alguns dizem que o país possui a quarta maior força militar do mundo; outros até deduzem que já ocupa a segunda posição.

A razão por trás disso é que, quando o lado árabe, o Irã, por exemplo, derrubou a monarquia com forças antirrevolucionárias e a mentalidade do fundamentalismo islâmico se intensificou, ideias como "extinguir Israel da face da Terra" se tornaram uma frase unificadora. Eles consideravam que "enquanto Israel não for eliminado, a paz árabe nunca virá".

Porém, infelizmente os países de maioria muçulmana nem sempre se dão bem uns com os outros, porque não têm uma forma unificada de pensamento. Aqui, também, parece não haver uma vontade comum, pois eles estão divididos em duas grandes facções, os sunitas e os xiitas, mas existem também muitos outros pequenos grupos dissidentes, alguns que envolvem até organizações guerrilheiras.

Os países desenvolvidos estão se esforçando para intervir nessa situação, firmando um acordo que reúne seis potências, porque temem que o Irã incremente seu poder bélico e se torne uma superpotência com armas nucleares, e lute pela causa da "destruição de Israel", tendo outros países muçulmanos como aliados.

Durante a presidência de Trump[8], os Estados Unidos reconheceram a soberania de Israel sobre as Colinas de Golã. Por sua vez, para agradar o presidente americano, o pri-

---

[8] Donald Trump (1946-) é um empresário e político americano que foi eleito pelo Partido Republicano e se tornou o 45º presidente (2017 a 2020) dos EUA. (N. do E.)

meiro-ministro israelense Netanyahu[9] decidiu batizar um assentamento que seria construído naquele local de "Colina Trump". Com a mudança de governo nos EUA, a relação entre os dois países voltou à instabilidade e não se pode prever o que vai ocorrer.

Com relação aos países de maioria muçulmana, hoje há uma disputa pela liderança. Até pouco tempo atrás, o Iraque era a nação líder, mas, desde que perdeu a guerra para os Estados Unidos na Guerra do Iraque, o Irã vem tentando ocupar essa posição. Se o Irã tiver armas nucleares, prevejo que se tornará o líder; por isso, a comunidade internacional está atenta para impedi-lo.

Os muçulmanos diriam: "Como pode Israel, que surgiu posteriormente como um Estado artificial, já estar equipado com armas nucleares, apesar de sermos nós o povo nativo? Isso é injusto. Eles podem nos destruir, mas nós não podemos fazer o mesmo com eles. Isso não deveria ocorrer em termos de defesa nem em termos de tamanho da população".

Israel é um país com apenas cerca de 10 milhões de habitantes. Mesmo considerando-se os judeus que vivem no exterior, a população mundial de judeus gira em torno de 15 milhões; é improvável que passe de 20 milhões, sendo, portanto, menor que a população de Taiwan. Por isso, as nações muçulmanas não devem achar fácil aceitar

---

[9] Benjamin Netanyahu (1949-) é um político israelense que ocupou o cargo de primeiro-ministro de Israel de 1996 a 1999 e de 2009 a 2021. (N. do E.)

que um país tão pequeno tenha o controle sobre a vida ou a morte de seu povo.

Profetas judeus à mercê de reinos poderosos em períodos trágicos da história

Moisés

O povo de Israel tem uma longa e trágica história. O Antigo Testamento, que foi pregado antes dos ensinamentos de Jesus no Novo Testamento, explica como o povo hebreu foi criado e protegido, enfatizando que Deus o protegeu, pois fora escolhido por Ele. Também revela que sucessivos profetas lhe foram enviados.

Mesmo que os hebreus tenham sido um povo abençoado, sofreram muitas tragédias. Algumas pessoas talvez não se lembrem da história mundial, mas, por exemplo, Israel teve início quando os hebreus foram escravizados no Antigo Egito e usados por centenas de anos para construir pirâmides.

Entre eles estava Moisés, que era de ascendência judaica; ainda criança foi colocado em um cesto para ser levado por um rio, pois estava destinado a ser morto de qualquer modo. Ele foi criado como egípcio depois de ter sido resgatado pela filha do faraó – que por acaso não tinha filhos – enquanto ela se banhava no rio.

Aos 20 anos de idade, ele descobriu que era hebreu e que seu povo estava sendo escravizado e morto durante a construção das pirâmides, e logo passou a conhecer sua missão e conduziu o Êxodo.

Oficialmente, conta-se que 600 mil homens adultos conseguiram realizar o Êxodo. Mas foram levados também mulheres, crianças e animais, de modo que o número estimado de pessoas que escaparam do Egito poderia chegar a cerca de 2 milhões.

A princípio, os egípcios permitiram que aquele agrupamento de quase 2 milhões de pessoas fugisse a pé, algumas puxando jumentos, mas depois mudaram de ideia e resolveram persegui-las. Quando chegaram para atacar, o mar Vermelho dividiu-se ao meio sob o comando de Moisés e os hebreus puderam fazer uma travessia segura. Assim consta nos registros, algo que não podemos descrever com clareza, pois se trata de uma narrativa no nível de mitologia. Conta-se que, depois que o povo de Moisés fez a travessia, o mar retornou à sua posição original, destruindo o exército egípcio.

Não se sabe ao certo se tudo ocorreu de fato como foi relatado, já que posteriormente esse evento recebeu diferentes interpretações. Além disso, dizem que o mar Vermelho atual é tão profundo que seria improvável que ele se partisse ao meio; então, talvez tenha sido acrescentada uma história diferente.

Um pouco mais ao norte do mar Vermelho há um lago mais raso cujo fundo pode ser visto em certas épocas. Alguns estudiosos relatam: "Em determinadas épocas, os ventos do leste sopram tão forte que certas partes do fundo ficam visíveis". Eles afirmam que não se trata do mar Vermelho, mas do mar de Juncos[10]. Eu acredito que essa seja a hipótese mais provável, mas como o início da história de um povo pode ser retratado de diferentes formas, penso que não devemos discutir muito sobre isso.

Embora Deus tenha realizado um milagre enorme, o povo de Moisés vagou por décadas pelo deserto para chegar à "terra que mana leite e mel", o paraíso ou a utopia que o Senhor lhes havia prometido. Às vezes, passavam por um oásis e ali se abrigavam por um tempo. E quando chegaram à Terra Prometida, encontraram a região já ocupada pelos habitantes nativos.

Assim, a situação de hoje é uma repetição do que ocorreu na época do Êxodo, há pouco mais de 3 mil anos. A terra que Deus havia prometido já estava ocupada por outro povo, o que gerou batalhas. Moisés morreu antes de chegar lá, e os hebreus entraram na região conduzidos por Josué. Nesse período, eles se envolveram em diversas batalhas para garantir o controle dos territórios palestinos. Analisando a situação *a posteriori*, pode-se dizer que os judeus construíram um reino apossando-se daquelas terras.

---

10 Em hebraico, mar Vermelho é *Yam Suf;* porém, além de "vermelho", *suf* pode também significar "junco". (N. do T.)

Jeremias

No Antigo Testamento, boa parte dos escritos religiosos descrevem as sucessivas batalhas que os hebreus travaram contra outros reinos. Na história desse povo existia a crença em um "Messias", aquele que apareceria para impedir que o reino de Judá fosse destruído. No entanto, embora os Messias sejam reconhecidos como aqueles que protegem o povo e seu reino, alguns não conseguiram cumprir essa missão e permitiram que ocorressem entraves como o Cativeiro na Babilônia.

A civilização que vivia na bacia dos rios Tigre e Eufrates era a mais antiga e, sem dúvida, mais forte, de modo que os hebreus, que já haviam sido escravizados no Egito, foram mantidos em cativeiro babilônico. Eles foram deportados à força de sua terra natal para a Babilônia (situada no atual Iraque) e lá tratados como escravos. Na prática, o Reino de Judá havia se tornado uma colônia.

Porém, estava ali o profeta Jeremias, um ser iluminado que alertou sobre a ameaça que viria do norte. Um episódio semelhante ocorreu no Japão no período Kamakura[11]. O monge Nichiren[12] avisou: "Os mongóis vão nos atacar!", mas o sacerdote foi suprimido pelo xogunato, que tentou

---
11 O período Kamakura (1185-1333) foi o primeiro regime militar feudal do Japão. Ficou conhecido pelo surgimento dos samurais e pelo estabelecimento do feudalismo no país. (N. do E.)
12 Nichiren (1222-1282) foi um monge que viveu no Japão; fundador da seita Nichiren do budismo no século XIII, pregou a devoção ao Sutra do Lótus. (N. do E.)

executá-lo. No final, ele foi enviado para o exílio na ilha de Sado. Da mesma forma, as pessoas não acreditaram nas palavras de Jeremias; o inimigo realmente atacou e ocorreu o Cativeiro Babilônico.

O próprio Jeremias foi capturado e pendurado em uma cisterna. O fundo do poço continha lama, e talvez tivesse um pouco de água, mas, estando amarrado, pendurado e imerso na lama, era uma tortura.

E o que ele ganhou com isso? O inimigo atacou e sua profecia se tornou realidade; por isso, ele foi solto e teve sua vida poupada. Mas não conseguiu salvar o seu reino. A profecia de infortúnio se cumpriu, mas ele não conseguiu proteger o povo.

Na verdade, as pessoas deveriam ter ouvido a voz de Jeremias e se preparado para defender sua nação. Tinham de ouvir as palavras de Deus para deter a invasão. Porém, o povo de quase 2.600 anos atrás já não acreditava mais nas palavras de Deus transmitidas por Jeremias.

Jesus

Jesus nasceu somente quinhentos ou seiscentos anos depois de Jeremias, por volta do início do calendário atual, e seus atos foram semelhantes aos desse profeta.

Um versículo da profecia de Proto-Isaías no Antigo Testamento declara que o Messias apareceria e salvaria Israel. Porém, não está escrito claramente quando isso iria ocorrer. Ele afirma que o Messias entraria em Jerusalém montado em um jumento e as pessoas clamariam: "Hosana! Hosana!", e que o Filho do Homem seria crucificado. Dizem que as últimas atitudes de Jesus podem ser explicadas porque ele desejava cumprir as profecias conforme estavam descritas no Antigo Testamento.

No entanto, é verdade que muitos discípulos se opuseram à ideia de Jesus entrar em Jerusalém para ser crucificado. Essa foi a realidade.

Os judeus chegaram a reconhecer Jesus como um dos profetas, mas não como o Salvador. Roma já havia se tornado uma grande potência estatal antes mesmo da vinda de Jesus, e a terra de Israel era uma colônia romana que não teria como derrotar esse império. Após o estabelecimento de um governo fantoche de Roma, Israel ficou em uma situação em que apenas a seita judaica tradicional – que podia conviver bem com o governo – estaria protegida por Roma, por vigiar o povo para impedir o surgimento de um "novo exército rebelde" que usasse a força da religião.

Quando você fica sabendo desses fatos, consegue compreender o cenário geral descrito no Novo Testamento.

A China oprime as liberdades religiosa e de expressão

A opressão que ocorria em Israel está acontecendo também agora, por exemplo, na China, onde há muitos cristãos. Segundo dados oficiais, há cerca de 100 milhões deles no país oriental, e, se incluirmos os praticantes ocultos, esse número pode chegar a 200 milhões de cristãos. Então, está havendo um conflito sobre quem tem o direito de nomear bispos católicos – o Vaticano ou o governo de Pequim. Porém, o Vaticano, que não tem poder militar, está recuando um pouco e agora somente os bispos aprovados pela China podem ser nomeados.

Na Constituição da China existem várias disposições sobre "liberdade religiosa" e "liberdade de expressão", mas na prática não são respeitadas. Isso ocorre porque naquele país há uma maneira de pensar que diz: "quem não é patriota, não é cidadão". Provavelmente essa mentalidade se deve, em parte, à visão de que quem é contra a guerra é um "não cidadão", expressão usada no Japão durante a Segunda Guerra Mundial. Se a definição de cidadão é ser patriota, a consequência natural é que haja opressão e repressão das liberdades de expressão, de publicação, de religião, entre outras.

Além disso, o Vaticano é uma das poucas nações que reconhecem Taiwan como um país. Portanto, ao atormentar o Vaticano, a China também está exercendo pressão sobre Taiwan.

Desse modo, situações semelhantes ocorreram muitas vezes na história.

3

O momento decisivo na Terra, com o uso da bomba atômica

Como teria sido a Segunda Guerra Mundial, quando vista a partir do ano 2000

Se tivéssemos de refazer a história no ano 2000, já sabendo que a China se tornaria tão poderosa quanto é hoje, perceberíamos que algumas ações deveriam ter sido evitadas – muitos erros foram cometidos por historiadores, jornalistas e políticos do pós-guerra.

E como os Estados Unidos veriam essa situação, agora que enfrentam a China como um inimigo em potencial? Durante a Segunda Guerra Mundial, os pilotos Doolittles[13] americanos conduziram bombardeios em Tóquio, Nagoia, Osaka, Kobe e outras cidades do Japão usando combustível somente de ida e fazendo um pouso de emergência na China, antes do surgimento dos camicases. Essa foi uma estratégia dos EUA que nem as forças

---

[13] Após o ataque japonês a Pearl Harbor em 1942, o aviador James Doolittle liderou um esquadrão de 16 pilotos americanos com bombardeiros B-25 – que ficaram conhecidos como Doolittle Raides. (N. do E.)

japonesas haviam pensado. Ouvi dizer que a maioria fez um pouso forçado na China por falta de combustível.

Foi um feito heroico tanto para os pilotos, individualmente, como para o país, que sentiu que havia ajudado a China. Por outro lado, seria difícil avaliar esse evento se soubéssemos que décadas mais tarde a China viria a se tornar a maior ameaça para os Estados Unidos.

Quanto ao fato de terem lançado bombas nucleares no Japão, por muito tempo os EUA se apoiaram na justificativa de "terminar a guerra o mais rápido possível". Além disso, há uma outra explicação: se a guerra tivesse se prolongado por mais tempo, a União Soviética teria avançado para o sul e ocupado as áreas de Hokkaido e Tohoku.

Não podemos dizer nada a esse respeito porque se trata de um "e se" da história. A União Soviética, ludibriada por Churchill, destruiu a Alemanha pagando um enorme preço: 20 milhões de vidas. Então, seria lamentável se não levasse nenhuma conquista para casa. Embora os russos tenham criado muitos países satélites pró-comunistas, só conseguiram tirar do Japão quatro ilhas ao norte. Essa é a razão pela qual a Rússia ainda insiste que não vai abrir mão das ilhas, porque são seus únicos "prêmios de guerra". Essa é uma questão cujas negociações diplomáticas ainda permanecem sem solução.

É assim que a história funciona: algo que era elogiado na época pode se reverter mais tarde. Pode ser que o vencedor provoque o próximo infortúnio ou que o perdedor se torne ainda mais violento e lute mais intensamente na batalha.

Outro aspecto relevante é que os efeitos das duas bombas atômicas sobre Hiroshima e Nagasaki deixaram claro para todo o planeta que a forma de guerra mudaria a partir daquele momento. Após a guerra, a União Soviética foi a pioneira nos testes de bombas de hidrogênio, seguida pelos Estados Unidos.

Hoje, todos os cinco membros permanentes do Conselho de Segurança da ONU possuem tais armamentos. Além disso, embora não seja um membro permanente do Conselho, a Coreia do Norte alega que tem tanto bombas atômicas como de hidrogênio. Portanto, se o país coreano realmente possui as bombas, não é mais possível atacá-lo facilmente.

Ao considerarmos o século XXI no contexto destas incertezas, eu gostaria de falar a seguir sobre o que poderia acontecer e discutir, se olhássemos para trás a partir do ponto de vista de 2100, se seria possível alterar esses eventos.

Consequências da bomba atômica 1 – Intervenção alienígena em larga escala

As bombas atômicas lançadas em Hiroshima e em Nagasaki significaram uma mudança na maneira de travar uma guerra, mas, ao mesmo tempo, podemos observar outras duas consequências. Uma delas é que o uso de armas nucleares marcou o início da intervenção alienígena em larga escala. É o chamado "Caso Roswell", citado com frequência, ocorrido nos Estados Unidos em 1947. Conta-se que um disco voador caiu no Novo México, e que sua fuselagem, assim como os alienígenas a bordo – alguns mortos, outros vivos –, foram capturados pelas autoridades. Essas informações têm sido mantidas como um assunto ultrassecreto há muito tempo.

Desde então, os avistamentos de óvnis se tornaram mais frequentes. Embora a maioria dos relatos venha dos EUA, muitas aparições também estão ocorrendo em diversos outros países, tanto nos desenvolvidos como nos demais. Os óvnis têm sido avistados também no México e na América do Sul. No Japão, poucos casos haviam sido notificados, mas nos últimos anos esse número teve um grande aumento.

Além disso, houve um incidente no qual óvnis apareceram também na China, o que levou um aeroporto chinês a ficar fechado por uma hora: um objeto que sem dúvida era um óvni apareceu e iluminou o aeroporto de forma tão brilhante que o local teve de ser fechado, pois os aviões não conseguiam voar. Do mesmo modo, foram relatados vários avistamentos na Rússia.

Nem todos os países divulgam essas informações ao público, e muitos até têm dúvidas se os objetos voadores vêm do espaço ou se na verdade são armas militares secretas de outras nações.

Nos últimos anos da vida de Hitler, os nazistas também se engajaram no desenvolvimento de óvnis. Há registros em vídeo de uma máquina que eles desenvolveram capaz de flutuar e girar no ar.

Como resultado, permanece a lenda segundo a qual Hitler não estaria morto, mas teria se mudado para a Antártica viajando em um óvni ou submarino e teria vivido no subsolo. É um fato, entretanto, que os nazistas estavam estudando óvnis.

Ademais, é um fato que a Alemanha e o Japão estavam fazendo pesquisas para desenvolver bombas atômicas durante a guerra. Parece que, se houvesse um prazo de mais um ou dois anos, é bem possível que esses países tivessem usado as bombas.

Podemos dizer que esses eventos constituíram um momento decisivo, que marcou o fim de um período na história da humanidade. Desde o "Caso Roswell", que ocorreu dois anos após o uso das bombas atômicas em 1945, um número cada vez maior de seres do espaço passou a inspecionar a situação na Terra. Os óvnis apareceram como resultado daquele incidente. E depois, o número de avistamentos de naves alienígenas aumentou devido ao crescente número de voos de aviões a jato e aviões comerciais. Muitos registros foram feitos por fotografias e câmeras de vídeo, fazendo crescer o interesse das pessoas pelo espaço.

De acordo com um relatório recente dos EUA, nos últimos anos houve 144 casos de objetos voadores não identificados. As autoridades disseram que um deles era um balão, mas que não sabiam quanto ao restante. Por enquanto, não deixaram muito claro, afirmando: "Podem ser armas de espionagem ou de ataque de outros países, mas também não podemos descartar a possibilidade de serem objetos de alienígenas".

Nos bastidores, creio que cada país está pesquisando as intervenções de seres vindos do espaço. Se um país obtiver uma tecnologia alienígena que permita fazer viagens de vários anos-luz e aplicar essa tecnologia para fins militares, poderá adquirir uma vantagem esmagadora sobre as demais nações.

No Japão, as informações sobre os seres do espaço estavam muito atrasadas; então, a Happy Science tem feito mais revelações sobre isso, uma após a outra, nos últimos dez anos, e acredito que é isso que esses seres do espaço querem.

Em particular, no ano de 2010 dei uma palestra diurna na Yokohama Arena sobre a abertura da era espacial e, nos últimos cinco minutos, eu disse algo como: "A era espacial está prestes a começar, e vocês testemunharão muitas coisas". Depois dessa palestra, quando milhares de pessoas saíram do auditório, viram em cores e ao vivo uma frota de mais de cem óvnis no céu. Era dia, e não noite, então obviamente não eram estrelas. Também estava claro que não se tratava de aeronaves militares americanas ou das Forças de Autodefesa do Japão (FAJ). Milhares de testemunhas podem confirmar isso.

• O QUE O MESSIAS DE HOJE DEVE DIZER E FAZER •

A frota de óvnis que apareceu no céu acima da Yokohama Arena, onde o Mestre Okawa deu a palestra "Tornando-se uma Religião Mundial: Uma Mudança de Paradigma para o Povo da Terra" em 4 de dezembro de 2010. Milhares de pessoas testemunharam a frota ao mesmo tempo.

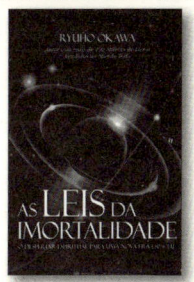

As Leis da Imortalidade (São Paulo: IRH Press do Brasil, 2012)

Quando eu estava saindo de carro da Yokohama Arena, lembro de ter visto muitos de nossos membros que caminhavam pelas ruas parar e apontar para o céu. Imagino que aquele foi o momento em que o sinal foi dado.

Por que as aparições de óvnis estão em ascensão no Japão?

Uma frota de óvnis apareceu logo depois que eu fiz menção ao espaço cósmico. Isso deve significar que as minhas palestras estão chegando aos seres do espaço. Mas imagino que, quando a tripulação dessas naves monitora a palestra que dou em japonês, os meios usados para captar o conteúdo sejam variados; alguns traduzem a mensagem para o idioma deles, outros a compreendem telepaticamente.

Seja como for, podemos notar pelo menos as seguintes intenções: primeiro, eles apareceram com confiança sobre a cidade logo após a conferência na frente dos membros, *depois* de captarem minhas palavras. Segundo, eles foram ousados ao se revelarem, pois havia um risco, porque as bases militares americanas e da FAJ ficavam próximas, mas eles apareceram no céu em plena luz do dia de um sábado. Não ficaram por muito tempo, claro; eles partiram cerca de 10 minutos depois.

Como eles têm tecnologia para ficarem visíveis ou não no radar, como quiserem, então, na verdade não há nada que as aeronaves americanas ou da FAJ possam fazer quando decolam. Enquanto eles estão voando dentro da atmosfera terrestre, sua velocidade de cruzeiro normal é de Mach 2 ou 3, mas uma aceleração rápida permite que alcancem Mach 8 a 10. Mach[14] é a velocidade do som; qualquer velocidade acima disso é medida em Mach. Em termos comparativos, os aviões comuns voam a várias centenas de quilômetros por hora, mas, quando a velocidade ultrapassa a barreira do som, fica difícil para o corpo humano terráqueo suportar.

---

14 O físico austríaco Ernst Mach (1838-1916) definiu o número de Mach como sendo a razão entre a velocidade do objeto e a do som no meio em que o objeto se encontra. O número Mach 1,00 é igual à velocidade do som (1.216 km/h ao nível do mar). Um caça militar voando em Mach 2 está viajando duas vezes mais rápido que a velocidade do som. Velocidades acima de Mach 1 provocam ondas de choque (estrondo sônico) que podem produzir danos no solo, com quebra de vidros e rachaduras em paredes. (N. do E.)

• O QUE O MESSIAS DE HOJE DEVE DIZER E FAZER •

Atualmente, um voo entre o Japão e os Estados Unidos leva cerca de 13 horas, mas com a velocidade de um óvni seria possível dar meia volta ao mundo em menos de 10 minutos.

Há três imagens de óvnis publicadas pelo Pentágono sob as ordens do presidente americano que mostram as aeronaves voando de forma estável, mesmo em meio a ventos de 60 m/s. Essa revelação está causando medo porque, se for uma tecnologia científica desenvolvida pela humanidade, será algo espantoso. De fato, os óvnis se movem a altíssimas velocidades, entre Mach 8 e 10; então, nenhum míssil pode atingi-los, até porque são raros os mísseis que chegam a Mach 2 ou 3. Portanto, se uma nave se move dessa forma tão veloz, mesmo que fosse disparado um míssil balístico intercontinental (MBIC), ele seria muito lento. Por exemplo, se um país atirasse um MBIC em um país do outro lado do mundo, levaria cerca de 1 hora para atingir o alvo; mas com a tecnologia de um óvni, seria possível derrubar o míssil.

Se a Coreia do Norte ou a China disparasse um míssil em direção ao Japão ou a uma base militar dos EUA no Japão, ele chegaria em menos de 10 minutos. Hoje, o governo japonês afirma que pode obter informações o mais rápido possível por meio de navios de inteligência para abater mísseis inimigos com seus mísseis PAC-3. Mas, na prática, não será possível abatê-lo se for lançado em determinado lugar ou em determinado horário. Por exemplo:

se um ataque ocorrer por volta do amanhecer, este é um horário em que o sistema político não consegue tomar uma decisão, e, se o tempo estiver ruim, será mais difícil detectar onde e quando o míssil irá atingir o alvo.

Assim, se o Japão se tornar alvo de um MBIC disparado de curta distância, poderá sofrer o mesmo destino cruel que acometeu Israel no passado.

Tenho certeza de que esta é uma das razões pelas quais os óvnis estão surgindo agora com frequência no Japão e tentando transmitir informações.

Consequências da bomba atômica 2 – As formas de guerra no século XXI

Outra forma de pensar sobre as guerras do século XXI é presumir que elas não se limitarão apenas a lançar bombas desse tipo ou atacar com mísseis. Uma vez que a maior parte da civilização da Terra agora funciona com base em ondas elétricas, espera-se que o primeiro ataque seja para abater satélites, e não contra cidades ou navios. Oficialmente, os satélites não devem transportar armas, mas alguns países podem ter carregado armas em seus satélites em órbita. Nesse caso, seria possível que um equipamento orbitando a Terra como um satélite destruísse satélites de outros países. Outra forma de destruí-los seria usar algo semelhante a um ônibus espacial, lançado a partir da Terra.

E o que aconteceria se um satélite fosse destruído? A maioria dos MBICs e os recursos de inteligência dos navios Aegis para detectar e revidar o ataque de mísseis dependem muito dos satélites. Portanto, se os satélites fossem destruídos, seria praticamente impossível defender a nação. Esse é um dos aspectos previstos para uma guerra na atualidade.

Além disso, novos tipos de bombas estão sendo pesquisados. E ainda existe outra questão: se um explosivo for lançado não de uma aeronave, mas de um ponto mais alto – por exemplo, um ataque de mísseis de fora da atmosfera –, será possível nos defendermos? Podemos impedir o ataque de um artefato que esteja orbitando a Terra e atirando para baixo assim que passar por cima do alvo? Provavelmente não, e essa é uma outra preocupação.

Como a maioria dos sistemas no solo utiliza eletricidade, ao destruir esses satélites seria possível interferir na eletricidade e nos sinais elétricos e impedir o funcionamento da televisão, do rádio, do telefone, dos ônibus, dos trens convencionais, dos trens-bala, dos trens de levitação magnética e assim por diante. Portanto, é possível que haja uma guerra devido à interrupção ou à interferência na transmissão de informações.

Ao destruir sistemas baseados em eletricidade, é possível anular em um instante a capacidade de combate do inimigo. O efeito é o mesmo de atirar um dardo com anestésico em um animal. E quanto mais moderno for o país, mais eficaz será esse "dardo anestésico".

Esse ataque não só provocaria caos nos meios de transporte e de comunicação, como poderia causar ao mesmo tempo um colapso no sistema financeiro. A maior parte das transações financeiras hoje é feita por sistema eletrônico; portanto, se alguém pensar em destruir esse sistema, conseguirá tanto arruinar como roubar bens pessoais e da nação e fazer todo o tipo de coisas.

Desse modo, acredito que uma guerra no século XXI envolveria aspectos muito complicados.

Por exemplo, se um sistema fosse desativado assim que detectasse o lançamento de um míssil nuclear, ninguém saberia dizer quem foi o responsável. Creio que deve estar havendo muitas discussões sobre ataques cibernéticos entre a Rússia e os Estados Unidos ou entre a China e os Estados Unidos.

Se a China pretendesse atacar Taiwan, começaria paralisando a tecnologia moderna do país, então o foco principal seria destruir o sistema de defesa aérea taiwanês. Primeiro, eles iriam causar uma avaria no sistema para que ele não funcionasse e a comunicação fosse comprometida. Creio que devem estar discutindo agora sobre o que fazer depois.

4
Como o verdadeiro Messias trabalha para proteger o mundo

Tenha fé no Deus da Terra para deter o mal dos países materialistas e cientificistas

Como vimos, as guerras do futuro serão muito diferentes; o desenvolvimento da ciência e da tecnologia provavelmente irá enaltecer o materialismo e o triunfo da ciência materialista, mas a ciência e a tecnologia não podem determinar claramente o que é "o bem e o mal" por si mesmas. Então, as pessoas irão acreditar que "os superiores naturalmente derrotam os inferiores". E "se os dois lados que lutam entre si tiverem o mesmo nível tecnológico, quanto mais agressivos e perversos eles forem e quanto mais perceberem a maldade de seus oponentes, maior será seu poder de ataque".

Assim, para aqueles que creem em uma religião convencional, o que pode ocorrer? Imagine um país materialista, ateísta, cientificista, que não acredita em nenhuma religião e não se incomoda com o mal, e tem a ideia de que "não existe o bem e o mal" e que "ganhar é bom, perder é ruim". Imagine que essa nação unifique a ideologia do povo, alegando que "patriotismo é bom" e que "vencer é bom, ser derrotado é ruim". Então, ela passa a controlar as opiniões, as publicações, as informações, passa a tolher a liberdade dos estrangeiros de se deslocar ou viajar e a liberdade de escolha da profissão. Se um país assim puder existir de forma independente, talvez ocorra algo terrível com aqueles que seguem religiões convencionais.

Em termos de "o que o Messias de hoje deve dizer e fazer agora", eu diria que chegou o momento em que os japoneses não podem mais proteger a paz de sua pátria sozinhos nem a paz mundial, com a ideia de que "haverá paz no mundo enquanto o Japão tem suas garras e presas cortadas, com base na visão de história autopunitiva e autorreflexiva que arrasta consigo os valores tradicionais do pós-guerra".

Se há algo que pode deter o cientificismo materialista certamente é uma força que tem fé em um Deus que pensa no planeta Terra como um todo, uma fé que transcende as diferenças entre as raças e nações. Considero isso uma certeza.

Estou dizendo isso agora como se fosse algo apenas do interesse dos outros, mas penso que, se o trabalho que a Happy Science vem conduzindo até o momento fosse largado no meio do caminho, no nível em que está, esse não seria o verdadeiro trabalho do Messias.

Em 2009, por exemplo, quando a Happy Science fundou o "Partido da Realização da Felicidade", a Coreia do Norte havia desenvolvido armas nucleares e estava realizando disparos consecutivos para testar os mísseis. Naquela época, o Partido Democrata do Japão venceu as eleições e elegeu três primeiros-ministros, quase sempre adotando políticas conciliatórias com relação à China, tentando se aproximar daquele país para garantir a segurança deles próprios.

Em seguida veio a administração Abe. Uma de suas ações foi treinar a evacuação da população ao toque de alerta da sirene caso a Coreia do Norte disparasse mísseis. Foi o mesmo tipo de medida que o Japão adotou antes e durante a Segunda Guerra Mundial; portanto, o primeiro-ministro não chegou a atingir a raiz da questão.

Agora, um político de um país que não tem moral, consciência, nem fé em Deus poderia promover a ideia de que "a sobrevivência de sua pátria, a vitória sobre outras nações ou sua ocupação é algo bom". Com base nisso, ele poderia querer controlar a opinião e o pensamento de quem discordasse dessa ideologia, impedir o uso de quaisquer meios de comunicação como jornais, tevê ou rede social e mandar prender aqueles que usassem esses meios. Nessas circunstâncias, não seria possível manifestar nenhum tipo de opinião contrária, e só seriam permitidos discursos a favor, perto de 100%, embora pudesse haver uns poucos que iriam se abster do direito de falar ou se calar.

Uma hora teremos de lutar contra ameaças desse tipo, por isso considero que é de suma importância corrigir nossos valores do pós-guerra.

A crise que se aproxima do Japão, um país estagnado no remorso do pós-guerra

Em 2009, vimos a Coreia do Norte disparar mísseis e começamos a enxergar melhor as reais intenções da China – subjugar o Japão, tomar posse dos mares até o Havaí, repelindo a hegemonia dos EUA, e colocar a Austrália, o Sudeste Asiático, a África e até mesmo parte da Europa sob seu controle.

Seria preciso que algum partido político pudesse trazer à tona essas questões claramente; por isso, fundamos o Partido da Realização da Felicidade naquele ano, e estamos trabalhando nesse objetivo.

Entretanto, o nível intelectual da mídia japonesa está longe de alcançar essa visão, e os acadêmicos japoneses permanecem estagnados no remorso do pós-guerra. Os chamados "políticos sensatos" são todos liberais de esquerda ou ativistas de direitos humanos que apenas dizem: "Nunca mais lutaremos" ou "Vamos refletir sobre as coisas ruins que os militares japoneses fizeram no passado". Quando realizam um comício em Hiroshima, fazem um apelo dizendo: "Que nunca mais tenhamos de novo uma tragédia dessas provocada pelo militarismo". Mas essas não são soluções de forma alguma.

A história nos ensina que até mesmo nações e reinos como a Grécia no passado ou Israel ou a nação judaica que veio antes disso foram de fato destruídos, colonizados ou escravizados quando uma nação poderosa emergiu. Isso também ocorreu na Idade Média, quando uma dinastia chamada Yuan[15] invadiu a Europa.

No leste, tomou a península coreana e atacou o Japão por duas vezes, mas foi derrotada em ambas as tentativas. Nessas ocasiões, o Japão se protegeu no período Kamakura, e graças a isso o país sobrevive até os dias de hoje.

Houve um episódio semelhante durante a Restauração Meiji[16]. Como a China estava sendo colonizada por países ocidentais, o Japão apressou-se em abrir suas portas para o Ocidente. Muitos aspirantes a guerreiros, "pequenos messias", surgiram e ajudaram a modernizar o Japão. Colocaram-no entre os cinco países mais poderosos do mundo e, assim, conseguiram proteger a pátria.

No entanto, depois de ter sido derrotado na guerra, o Japão ficou com sua mentalidade estagnada por muitos anos, e não tem mais nenhuma força para impedir que a China comemore o 100º aniversário do PCC.

O Partido Comunista Japonês (PCJ) afirma que é diferente do PCC e declarou sua oposição a ele, mas não

---

15 A dinastia Yuan (1271-1368) foi uma dinastia chinesa construída pelo Império Mongol; a linhagem de imperadores desse período foi de origem mongol. (N. do T.)
16 A Restauração Meiji designa um período de renovações políticas, religiosas e sociais profundas que ocorreram no Japão entre 1868 e 1900; esse movimento transformou o Império do Japão num estado-nação moderno, resultando no fim do xogunato e no restabelecimento do poder imperial. (N. do T.)

conheço suas reais intenções. A diretriz do PCC é abolir o regime imperial, mas se o PCJ declarasse medidas semelhantes, não conseguiria vencer na política japonesa. Por isso, o partido japonês deve estar colocando certa distância em relação à sua contraparte chinesa.

5

Por que o comunismo é perigoso aos olhos do Deus da Terra

Os perigos do comunismo 1 – Uma sociedade comunista admite uma revolução violenta que leva ao genocídio

Já falei sobre o comunismo algumas vezes. Marx[17] publicou o *Manifesto Comunista* em meados do século XIX e *O Capital* na segunda metade do mesmo século, mas, na época de sua morte, somente alguns exemplares desses títulos haviam sido vendidos, e o autor contava com poucos seguidores.

Havia alguns grupos atuando em causas socialistas, mas eles estavam começando a usar os princípios marxistas de uma maneira diferente do propósito original, quando Marx ainda estava vivo: como uma força para criticar as forças já estabelecidas. Isso se parece com o que o próprio Marx disse: "Marx e marxismo são diferentes".

---

17 Karl Marx (1818-1883) foi um filósofo, sociólogo e revolucionário que elaborou uma teoria política que embasou o socialismo científico e ficou conhecida como marxismo. (N. do E.)

É de fato um pouco surpreendente que Marx, que morreu como um indivíduo impotente e sem influência, tenha se tornado uma figura tão poderosa cem anos depois.

Entretanto, o que eu gostaria de dizer brevemente é o seguinte: uma sociedade comunista na qual "todos são iguais" pode parecer ser boa, e, em termos de direitos humanos, creio que pode ser uma força para destruir a ideia de "fixar o sistema de classes sociais e *status* em que nascemos". Porém, um dos perigos é que, antes de tudo, ela admite uma revolução violenta.

Em todos os países que passaram por uma revolução comunista houve genocídio, pois, para os comunistas, "a revolução é feita pela violência". Ou seja, começa com genocídio.

E aqueles que chegam ao poder por meio de revolução e genocídio, para se manter no poder mais tarde responderão da mesma forma a qualquer oposição ou poder estrangeiro que tenda a derrubá-los.

Um líder como esse tem a tendência de pensar: "Se esta revolução é considerada boa neste país, então não é crime de forma alguma massacrar aqueles que estão trabalhando para derrubar o regime que se constituiu graças a essa revolução. Isso é justiça; visa proteger o bem-estar do povo e os patriotas".

Muitos países são unificados ou tomados por meio das forças armadas, mas penso que é perigoso manter essa mentalidade agressiva. Portanto, em algum momento é importante gerar um sistema de valores que permita a coexistência de pensamentos distintos.

Os perigos do comunismo 2 – Os espíritos de diligência e de capitalismo serão perdidos

Eu gostaria de mencionar outro perigo, um aspecto que resulta também dos direitos humanos básicos. Se cada pessoa tiver liberdade para lutar livremente, haverá tanto aqueles que são trabalhadores como os preguiçosos. Então, surgirá uma clara diferença nos resultados, que serão vistos dentro de uma geração. As diferenças podem surgir até mesmo em um período de tempo de um ou três anos.

A questão é: "O que acontece quando, não importam quais sejam as diferenças nos resultados, um grande poder autoritário resolve eliminar essas diferenças para deixar todos os indivíduos iguais?".

Desse modo, o próprio "espírito de diligência" será perdido no final.

O "espírito capitalista" baseia-se no "espírito de diligência". Significa que, trabalhando diligentemente com um propósito elevado e ambição em uma direção decente, você economiza dinheiro, a quantia acumulada se torna um grande capital, que é aumentado ainda mais por meio de investimentos, e isso lhe permite realizar grandes projetos; dessa forma a sociedade enriquece, assim como a nação. Esse "ciclo virtuoso" é o espírito do capitalismo.

Entretanto, se a ideia básica é negar o acúmulo de riqueza – em outras palavras, confiscá-la das pessoas sob a forma de impostos, multas ou prisão, e apenas distribuí-la igualmente para todos –, então basicamente não haverá mais ninguém que queira trabalhar. Assim, forma-se a ideia de que aqueles que ganham dinheiro são pessoas más. Isso é o oposto do espírito capitalista saudável.

E o que acontecerá no final? Se o espírito do capitalismo for destruído, mas o poder do Estado quiser gastar dinheiro, então surgirão diversos tipos de dinheiro falsificado sem credibilidade.

Na verdade, isso já está ocorrendo atualmente. Começou com o *bitcoin*, e agora muitas criptomoedas estão sendo criadas no nível nacional. Ainda não se sabe qual será o impacto final dessas moedas. Por exemplo, devido à criação de leis e regulamentos, se uma empresa tiver seu patrimônio apenas no espaço cibernético, um dia pode perdê-lo por completo.

Recentemente, em Hong Kong, o governo congelou os ativos de um jornal aplicando uma lei para impedir que a empresa utilizasse seus fundos para impressão. Isso comprometeu o pagamento do salário dos funcionários e das matérias-primas, como papel e tinta; com isso, o jornal foi fechado diante do olhar do mundo todo.

Naquela época, dizem que não apenas o governo congelou os ativos, mas também os bancos e outras instituições, temendo as autoridades, congelaram voluntariamente todos os ativos de certos indivíduos, inclusive de algumas pessoas que não tinham nenhuma relação com o incidente. Portanto, creio que é bem provável que a confiança em finanças e nos ativos financeiros também se torne uma ilusão no futuro.

O que ocorrerá se um sistema como esse se juntar ao marxismo? Aquele que está no poder dirá: "Podemos criar o patrimônio que quisermos com a criptomoeda. Se quem tem poder cria dinheiro virtual, não importa o quanto as pessoas trabalharam para acumular riqueza ou o quanto as empresas enriqueceram; esse esforço terá sido completamente inútil".

Se unirmos o poder militar a essa mentalidade, acredito que de certa forma veremos o início de uma era semelhante ao mundo reptiliano dos tempos primitivos.

Os perigos do comunismo 3 – A ausência de uma crença gera tiranos no mundo terreno

Eu disse anteriormente que o problema do comunismo é a revolução violenta, e que a ideia de não reconhecer o espírito capitalista como um ciclo virtuoso, nem a liberdade baseada no trabalho árduo e seus resultados destrói o verdadeiro desenvolvimento da sociedade, aquele sustentado pela credibilidade.

Além disso, creio que o maior problema é a ausência de uma crença. Não ter uma crença significa que você não precisa mais estar consciente dos olhos de Deus ou Buda. Essa ideia implica automaticamente no pensamento "a pessoa que tiver o maior poder na Terra se torna o 'deus encarnado'", independentemente de sua maneira de pensar ou de ter ou não o verdadeiro apoio do povo.

Na China, por exemplo, isso significa que alguém que é exatamente como um antigo tirano pode se denominar "deus". Sob o comando de um indivíduo assim, não importa como o sistema eleitoral seja construído, ele não terá nenhuma credibilidade. Se for possível saber quem são os eleitores que votaram em candidatos oponentes dos que estão no poder, esses eleitores serão excluídos da cidadania, e isso será uma grande ameaça.

6
O Messias da era moderna diz à humanidade o que deve ser feito agora

Pelo ponto de vista do ano 2100, Hong Kong e Taiwan devem ser protegidos

Com base no exposto até aqui, creio que a China agora está liderando um movimento para exportar o espírito comunista com o intuito de administrar o mundo de forma centralizada; isso se aplica também à Coreia do Norte.

Em resposta, os Estados Unidos, o Reino Unido, a Alemanha, a França, a Austrália, Taiwan, o Canadá e outros países estão tentando evitar que isso aconteça, mas seus líderes são muito fracos para fazer o que é necessário. A questão é: "Serão capazes de tomar decisões e agir?". Teme-se que eles não consigam impedir o movimento totalitarista e adotem políticas de apaziguamento.

A Austrália, com uma população de apenas cerca de 26 milhões de habitantes, tinha uma política pró-China, mas percebeu a ambição daquele país e mudou radicalmente para uma política anti-China. Por sua vez, a China está tentando sufocar a Austrália impondo-lhe tarifas sobre as importações, mas a Austrália resiste à pressão e está determinada a seguir com sua postura anti-China.

O Japão agora tenta sobreviver como um morcego, um ser vivo indefinido, nem ave nem mamífero. No entanto, quando se trata de tomar decisões firmes, é necessário fazer um julgamento claro sobre o que é o bem e o que é o mal, e mostrar o que deve ser interrompido.

Assim, se pensarmos do ponto de vista do ano de 2100, o que precisamos fazer agora é proteger Hong Kong. Suponha, por exemplo, que a cidade de Hong Kong seja devastada e o mundo fique apenas observando sem fazer nada, deixando-a à mercê da China, permitindo que dirija a cidade como quiser, sem sofrer nenhuma resistência; isso significa que deixamos escapar o ponto de inflexão que deveria ter sido evitado.

O segundo problema diz respeito a Taiwan. A China reivindica Taiwan como parte de seu território, declarando arbitrariamente que ele faz parte de sua visão de "um país, um sistema" (falsamente dito como "um país, dois sistemas"), mas Taiwan já é um país diferente da China, que está tentando dominá-lo. Se fecharmos os olhos para isso e dissermos: "É melhor Taiwan ser tomado do que correr o risco de uma guerra nuclear" ou "Não importa que não seja mais possível importar bananas e abacaxis taiwaneses", o resultado será inevitavelmente o mesmo de quando Hitler tomou vários países vizinhos, um por um, durante a Segunda Guerra Mundial.

• O QUE O MESSIAS DE HOJE DEVE DIZER E FAZER •

A China também alega que as Filipinas, assim como as ilhas Senkaku e Okinawa, no Japão, são seus "interesses centrais". O mesmo ocorreu com relação às ilhas Spratly e Paracell. Primeiro, os chineses afirmaram que esses arquipélagos eram seus "interesses centrais". A região não passava de recifes, mas os chineses os aterraram e até construíram bases militares. Os países ao redor não conseguiram fazer nada a respeito. Então, será apenas uma questão de tempo para que eles tomem as ilhas Senkaku, Okinawa e assumam o controle dessas regiões, alegando que são originalmente parte da esfera cultural chinesa.

Em que ocasiões podemos deter essas ações? Essa seria uma questão, mas, seja como for, precisamos mudar nossa maneira de pensar.

É possível que haja próximas ameaças além do novo coronavírus, uma arma biológica chinesa

Na verdade, a fundação do nosso Partido da Realização da Felicidade em 2009 teve um grande significado histórico, mas a mídia japonesa, os partidos políticos, as figuras políticas, os acadêmicos, personalidades da cultura e as pessoas que receberam tais informações ignoraram a criação do partido, por acreditarem que a conexão entre religião e política é um mal e porque queriam manter o *status quo*. Considero que essa atitude foi um grande pecado. Essa é a razão pela qual os óvnis estão aparecendo agora, como um segundo sinal. Imagino que eles estejam tentando despertar o Japão, fazendo o mesmo que os "barcos negros"[18] que apareceram de repente no passado, na costa de Shinagawa.

Tenho certeza de que outros incidentes virão. No entanto, o Japão deve saber que está cometendo um grande erro ao manter seu estilo de vida tradicional enquanto outros países estão começando a despertar para a ameaça.

Não sei como a história será escrita no futuro, mas desde o seu surgimento, em 2019, a covid-19 já causou centenas de milhões de infecções e milhões de mortes no mundo todo até agora, e a infecção ainda está se espalhando. Quanto a isso, a Happy Science tem dito repetidas vezes que "armas biológicas chinesas estão sendo usadas", mas talvez esse entendimento ainda não tenha se tornado uma opinião relevante. No entanto, se essa questão for negligenciada e apenas tratada com políticas de apaziguamento por se considerar que o vírus surgiu espontaneamente, é importante saber que outras ameaças podem ser usadas por eles. Em suma, como hoje a China sairia derrotada caso ocorresse uma guerra nuclear, é possível que tenha feito um ataque não nuclear.

---

18 *Kurofune*, em japonês. Em 14 de julho de 1853, uma frota americana de navios negros comandada pelo comodoro Matthew Perry chegou de repente ao Japão e causou-lhe um grande susto, pois o país ainda se mantinha na política de isolacionismo adotada havia cerca de dois séculos. Nessa época, a China estava sendo colonizada por diversos países ocidentais, e a chegada de Perry fez com que os japoneses despertassem para o perigo iminente. (N. do T.)

Não permita que os justos morram

De qualquer modo, não devemos simplesmente permitir que os justos morram. Acredito que o Messias da era moderna deve trabalhar abordando temas como este, dando orientações também nessa direção e realizando atividades para fornecer informações para instigar o mundo a se mobilizar.

Hoje, o coronavírus está circulando pelo mundo e as pessoas não podem viajar livremente para o exterior; apesar disso, devemos estar bem atentos às questões que estão avançando agora.

No caso de uma guerra termonuclear, diversos filmes na segunda metade do século XX retrataram que o resultado seria um estado catastrófico sem volta; em contraste, se forem usadas armas biológicas ou químicas, isso talvez não seja percebido de imediato.

Assim, precisamos estabelecer valores universais agora, e precisamos também revisar diversos campos acadêmicos e de trabalho com base em valores que levam ao Supremo Deus e Buda.

Embora o nosso Partido da Realização da Felicidade já esteja trabalhando há mais de dez anos, ainda não conseguiu ingressar no governo. Isso significa que o Japão, pelo menos na esfera política, sofreu sua "primeira derrota", mas se conseguimos prever as próximas derrotas, é preciso saber que existem coisas que devem ser mudadas agora.

Projete em sua mente a humanidade ideal vista pelo Deus da Terra

Eu tenho falado de muitas maneiras como o Japão e o mundo deveriam ser em termos ideais. Claro, é importante saber o que está acontecendo na sociedade e no mundo por meio das notícias da tevê, dos jornais etc., e é normal obter algum conhecimento sobre diversos assuntos diários por *smartphones* ou telefones celulares, mas você não encontrará muitas informações cuja autoria é de Ryuho Okawa nesses meios. Então, acredito que os "julgamentos definitivos e breves sobre o certo e o errado" e as "diretrizes para o caminho ideal" que a Happy Science está transmitindo precisam chegar a todas as partes do mundo a qualquer custo.

> *Temos de fazer um esforço para isso.*
> *Trabalhando muito,*
> *Podemos alcançar o que diz o velho ditado:*
> *"Uma jornada de mil milhas*
> *Começa com o primeiro passo".*
> *Se não dermos um passo de cada vez,*
> *Não faremos nenhum progresso.*
> *Por favor, não desista.*
> *Não seja complacente com a situação atual.*
> *Por favor,*
> *Pense que não devemos ser*
> *Apenas mais uma das religiões do Japão.*

Além disso,
Pense que não devemos ser como uma empresa.
Não tenha prazer na destruição do bem
E na prosperidade do mal.
Por favor, não pense que somente a ciência e a tecnologia,
Os sistemas legais e políticos
Criados pelos humanos neste mundo
São valiosos.

Desde Kant, os acadêmicos vêm considerando como disciplinas apenas as áreas do conhecimento que podem ser pesquisadas de forma acadêmica. Eu gostaria que você soubesse que essa postura tende a transformar até mesmo os domínios desconhecidos e os da fé em campos não disciplinares.

Além disso, se os liberais forem longe demais, eles se limitarão a "proteger os direitos humanos somente neste mundo", mas devemos projetar na nossa mente como deve ser a humanidade ideal aos olhos de Deus.

Mesmo que seja uma batalha pequena, se ela for simbólica, lute decididamente e vença

Como pudemos ver na tragédia de Sodoma e Gomorra no Antigo Testamento, devemos saber que Deus não perdoa a humanidade degradada. Com relação àqueles que aumentam as forças do mal e destroem o bem, quero que você saiba que a justiça deve ser feita, sem sermos intimidados pela diferença de tamanho, assim como no caso do menino Davi, que lutou contra o gigante Golias de 3 metros de altura e o derrotou usando apenas algumas pedras e uma funda.

É impossível para um menino pastor lutar contra um gigante de 3 metros e vencê-lo.

Golias tinha dito algo como: "Se alguém puder me vencer, venha para a frente! Mandem-me um homem para lutar sozinho comigo". E o menino pastor, que era um especialista no uso da funda, atirou uma pedra no gigante de forma a esmagar seus olhos. Isso foi algo que aconteceu de fato.

Mesmo que aquela atitude fosse tão pequena, na verdade estava ligada à "atitude de Messias" que protegeu o reino de Israel. Por isso, mais tarde Davi acabou sendo coroado, reconhecido como um grande rei.

Assim, mesmo que o alvo pareça "pequeno", se essa "pequena batalha" for simbólica, vencê-la terá um grande impacto mais tarde, e eu gostaria que você repensasse essa questão com uma mentalidade prática: vencer pequenas batalhas simbólicas em vez de "vencer todas as batalhas em todos os lugares" e levar esse raciocínio adiante.

Além disso, quanto às questões que não conseguimos explicar como seres humanos na Terra, "palavras do espaço" virão até nós. Embora seja muito fácil ridicularizá-las, eu gostaria que você as transmitisse para o mundo como sendo verdades que complementam as "palavras do Messias da Terra". Ou então, eu gostaria que você as usasse como palavras para conscientizar a população japonesa.

• O QUE O MESSIAS DE HOJE DEVE DIZER E FAZER •

*Minha visão do futuro é que no ano de 2100
Ainda estaremos em um estado
No qual "os valores anglo-americanos e japoneses
Estão abolindo a discriminação racial
E criando política, economia e cultura
Baseadas em maneiras de pensar mais próximas de Deus
Do que em intimidações
Usando um poder militar esmagador".
Portanto, sempre que possível,
É importante resistir de modo resoluto
A quaisquer movimentos que se opõem a essa ideia.*

*Se o Japão for ocupado por outra nação
Ou ameaçado com armas nucleares,
A fé do povo japonês acabará;
A liberdade de expressão e de publicação
Terão o mesmo destino.
Então, não haverá mais liberdade acadêmica
Nem de consciência.
Os tribunais não serão mais necessários,
Pois o "veredito" já será conhecido desde o início.
E toda a sabedoria
Que a humanidade veio adquirindo na era moderna
Será em vão.
Por isso, é importante continuar essa batalha.*

CAPÍTULO
TRÊS

Os ensinamentos de Messias

*A batalha para mudar o juízo de valores
com a palavra de Deus*

1

Como reconhecer o Messias, o escolhido de Deus

Escolhi um título bastante ousado para este capítulo: "Os ensinamentos de Messias". Apesar de não ser uma abordagem estruturada, eu gostaria de falar sobre o que estou sentindo e pensando. Ficarei feliz se puder descrever quais são os ensinamentos do Messias e o que se espera de sua doutrina na era atual em direção ao futuro, compartilhando algumas das minhas impressões e pensamentos.

Nos tempos modernos, ao contrário dos velhos tempos, é muito difícil para um Messias ser reconhecido pelo mundo. A palavra "Messias" não é familiar ao povo japonês, mas poderia ser traduzida como "salvador". Você pode imaginar que um salvador é alguém que liberta as pessoas do sofrimento e das adversidades, que as guia e cria uma nova era.

A palavra "Messias" também tem esse sentido, mas seu significado original é "aquele que foi ungido com óleo na cabeça". Ungido por quem? Por Deus. Então, Deus é que unge um Messias.

No Japão, as religiões de corrente budista têm um costume semelhante chamado de *kanjō*, por meio do qual uma pessoa é purificada derramando-se água sobre sua cabeça. Um de seus tipos é, por exemplo, o *denpō kanjō*, um *kanjō* de transmissão da Lei. De maneira similar, para os antigos judeus, torna-se o Messias aquele que é ungido com óleo por Deus.

Assim, em certo sentido, um Messias é um "escolhido". Um indivíduo é escolhido por Deus, independentemente de seu *status*, posição, classe, idade ou gênero. Nunca sabemos onde ele pode ser encontrado, mas olhando para os resultados ou observando o trabalho que ele realiza junto a seus contemporâneos, as pessoas perceberão que ele é aquele que foi escolhido por Deus.

Entretanto, a civilização moderna tem uma população enorme; quase 8 bilhões de pessoas vivem na Terra. Em alguns países o sistema democrático está mais difundido, enquanto outros têm um regime totalitário. Sob tais circunstâncias, é um processo extremamente difícil encontrar o "escolhido de Deus", oficializá-lo como tal, aceitar o que ele diz como sendo as palavras de Deus e concretizá-las na Terra.

Um dos motivos é que as pessoas de hoje se distanciaram dos seres espirituais e de suas inspirações. Podemos dizer que as pessoas se tornaram menos sensíveis aos assuntos espirituais. Outra possível razão é que foram criados muitos regimes e sistemas a fim de permitir que uma grande população convivesse de maneira ordenada. Por isso, não é tão fácil para o escolhido por Deus atravessar esses sistemas e chegar a uma posição que lhe permita orientar as pessoas.

Um Messias geralmente aparece numa época em que há um grande choque de valores na Terra, uma era em que muitas pessoas não entendem o que é certo e o que é errado e não conseguem diferenciar o bem do mal. Em geral, quando as opiniões corretas são compartilhadas pela maioria, elas se tornam realidade; portanto, não há necessidade de que o escolhido apareça para realizá-las. Então, quando o Messias aparecer, em muitos casos seu trabalho será apresentar e defender pensamentos e ideias que nunca foram ditos antes ou que são apoiados apenas por um pequeno grupo de pessoas, criar uma grande onda de movimento, ganhando apoiadores, e reverter a opinião pública ou o sistema de valores da humanidade.

Em muitos casos, o Messias está do lado da minoria e, a fim de mudar os sistemas de valores, tem de enfrentar um ambiente em que já existe um grande poder estabelecido. Como resultado, muitos deles não conseguem ter sucesso em seu trabalho neste mundo terreno.

Outra dificuldade é que as profissões se especializaram na atualidade, e há muitos caminhos diferentes a seguir. Mas não há nenhuma ocupação específica que sempre coloque um indivíduo numa posição de destaque em relação aos seus contemporâneos; por isso, a escolha de uma ocupação também é difícil.

Desse modo, quando o salvador nasce nesta era moderna, é muito difícil predizer qual profissão ele poderia escolher. No passado, obviamente ele seria um líder religioso, mas hoje seria extremamente difícil esperar que um monge budista, um padre ou um pastor cristão desempenhasse o papel de Messias.

Esses líderes religiosos geralmente pertencem a uma grande organização com uma hierarquia já estabelecida. Nessas circunstâncias, alguns deles podem demonstrar uma habilidade única que os outros não possuem, como poderes psíquicos ou a capacidade de salvar outras pessoas curando suas doenças. Porém, na era atual, essas habilidades por si só não são suficientes para reconhecer uma pessoa como aquela que foi "escolhida por Deus".

2
A luta pelo juízo de valores

Não é fácil lutar por meio de palavras e pensamentos contra quem está no poder e controla as forças armadas

Com base na educação escolar e nas informações transmitidas pelos meios de comunicação, os escolhidos por Deus frequentemente são rotulados como vigaristas ou impostores e excluídos da sociedade. Se conseguem obter o apoio e a crença de muitas pessoas, então passam a ser considerados perigosos pelas autoridades e começam a ser oprimidos pela polícia ou pelas forças militares. Na era atual, não há muitos líderes que possam vencer as forças que usam metralhadoras, tanques e caças a jato.

Como o mundo se tornou mais conectado entre si, muitos líderes nascem com uma missão no nível nacional, em vez de global. Houve casos como Gandhi e Martin Luther King, que alcançaram seus objetivos adotando o princípio da não violência e não resistência, mas estas são raras exceções. A grande maioria dos protestos que se apoiam em não violência e não resistência acaba sendo subjugada por uma polícia armada ou pelas forças militares. Não é tão fácil inspirar as pessoas apenas com palavras e pensamentos.

Há alguns anos, fiz uma leitura espiritual sobre o líder (Hong Xiuquan) da Rebelião de Taiping, que ocorreu na China na década de 1850, durante a dinastia Qing. Dizem que cerca de 50 milhões de pessoas foram mortas como resultado do conflito.

Portanto, mesmo que um líder que parecesse ser um salvador se levantasse e liderasse a rebelião, a dinastia Qing tinha o poder – ainda que mais tarde viesse a ser arruinada – de reprimir a rebelião e matar 50 milhões de pessoas até que fosse finalmente suprimida.

Na história da China, houve muitos incidentes que mataram dezenas de milhões de pessoas.

Durante o reinado do imperador Wu (156 a.C.-87 a.C.), da dinastia Han, dizem que a população chinesa foi reduzida à metade. Isso mostra que um líder político que controla um exército é extremamente poderoso.

Normalmente, uma revolução surge com base em ideias religiosas. Assim, o governo não apenas oprime o povo usando forças militares, como também tende a impor certas ideologias para poder controlá-lo com mais facilidade.

Durante o reinado do imperador Qin Shi Huang (259 a.C.-210 a.C.), por exemplo, os confucionistas foram perseguidos. No entanto, durante o reinado de Wu o confucionismo foi adotado oficialmente pelo governo. Mesmo assim, a população foi reduzida à metade. Nessa época houve escassez de alimentos, e muitos morreram de fome. O governo usou o confucionismo como uma ótima ideologia para tornar o povo submisso e evitar que surgisse qualquer rebelião.

O atual governo de Pequim está fazendo o mesmo. Sua estratégia é abrir o Instituto Confúcio ao redor do mundo disfarçado como uma escola de língua chinesa, enquanto tenta fazer uma lavagem cerebral gradual nas pessoas. Atualmente, esse sistema é visto com cautela e está sendo investigado em diferentes países. O Japão também começou a investigar partes do instituto que funcionam dentro das universidades.

Assim, com frequência o governo apresenta uma ideologia para ser usada como substituta da crença religiosa a fim de evitar rebeliões e manter o povo sob controle.

Prevenir a revolta também foi uma estratégia importante durante o período do xogunato Tokugawa[19] do Japão. Eles usaram as forças militares para reprimir os cristãos e acabar com a Rebelião de Shimabara (1637-1638). Porém, era mais importante para eles inibir qualquer rebelião em potencial antes que ela começasse. Então, criaram sistemas políticos e econômicos que lhes

---

19 Tokugawa Ieyasu (1543-1616) foi nomeado xógum em 1603 e marcou o início do período Edo (1603-1868), que durou até a Restauração Meiji. (N. do T.)

permitiram fazer isso, e impuseram a filosofia do confucionismo para ensinar a população a ser leal ao governo. Fizeram com que as pessoas aprendessem como funcionava a relação entre mestres e vassalos, controlando o povo dessa forma.

Portanto, mesmo que uma ideologia possa ser usada para mudar uma era, às vezes aqueles que estão no poder podem abusar dela.

Na sociedade democrática moderna, os meios de comunicação de massa têm um poder enorme. Existem diferentes tipos de mídia – jornais, emissoras de televisão, programas de rádio e recentemente a internet –, mas não há líderes claros entre eles.

Esse poder anônimo da grande mídia, assim como da "mídia própria", controlada por indivíduos isolados, seleciona as pessoas.

Então, mesmo que um líder queira transmitir as palavras e a vontade de Deus por meio da mídia de massa ou da mídia própria, ele nunca saberá se essas palavras irão se espalhar e cativar o coração de muitas pessoas. A menos que elas tenham uma boa compreensão da espiritualidade ou um certo grau de abertura, às vezes isso pode ter um impacto negativo.

Em alguns casos, é possível que as pessoas estejam mais suscetíveis a aceitar pensamentos diabólicos.

Os mal-intencionados podem obter poderes para dominar a população abusando de sistemas

A ciência baseada no materialismo pode parecer neutra em valores ou funcionar para o bem ou para o mal, dependendo da situação. Mas, se as pessoas estiverem mais concentradas em questões materiais, perderão de vista sua mente ou seu coração e começarão a viver sem pensar na própria alma.

Claro, o materialismo às vezes é necessário para melhorar a vida na Terra. Por exemplo, quando há um período de escassez de alimentos, uma era de fome ou surgem epidemias como a varíola e a peste negra, para combater esses problemas é preciso melhorar as condições sanitárias – como instalar sistemas de esgoto e realizar desinfecção – para salvar a vida de muitas pessoas. Portanto, o materialismo não pode ser completamente descartado. Mesmo assim, é preciso avaliar cada caso para usar uma abordagem materialista com sabedoria.

Alguns clássicos da literatura chinesa explicam por que as guerras ocorrem da seguinte forma: "O número de pessoas aumenta, mas a quantidade de alimentos não. Assim, quando a população crescer, as pessoas começarão a se matar para garantir comida para si.

Os fortes derrotarão os fracos e tentarão reduzir o número de indivíduos para conseguir alimento. Esta é a principal causa da guerra".

De certa forma, isso é verdade. Como se pode ver pelo século XX, quando há menos alimento e energia, a indústria não consegue se sustentar. Quando as pessoas começam a ter dificuldade para obter seu alimento diário, muitas vezes estoura uma guerra. O problema primordial e mais comum é o da relação desequilibrada entre população e alimentos, o que pode desencadear uma guerra.

Na próxima etapa, quando um país se torna mais forte, ele pode ficar ganancioso, assim como uma pessoa fica. Um líder com uma forte intenção de tomar o poder emergirá e tentará controlar outros países.

Para explicar a autoridade soberana, o filósofo inglês Thomas Hobbes até fez uma comparação com monstros como o Leviatã – o mestre do mar – e Beemote – o governante da terra: "Um governante com sede de poder pode ir à loucura como um monstro gigante e começar a oprimir seu povo ou países vizinhos e tentar torná-los submissos ao seu poder".

Portanto, não importa que tipo de sistema seja criado; aqueles que estão no poder podem acabar abusando dele. Alguns séculos atrás o governo conseguiu oprimir completamente o povo usando como ferramenta o sistema tributário.

O sal, por exemplo, é uma das necessidades da vida humana; então, dependendo de quanto imposto o governo decida impor sobre o sal, isso é o suficiente para eles controlarem o povo.

O governo também pode tributar o arroz, que é o caso tradicional do Japão. Desde que o chanceler Toyotomi Hideyoshi (1537-1598) fez um levantamento das terras em todo o país, as pessoas passaram a pagar impostos com base na quantidade de arroz que podiam colher em suas terras.

Houve uma época assim. Dessa forma, o governo controla totalmente o povo manipulando a circulação ou o preço das necessidades vitais ou impondo impostos sobre elas; um enorme poder pode surgir ali.

A guerra de juízo de valores novos e antigos 1 – Batalhas religiosas no Japão

O que pode ocorrer também é uma verdadeira guerra de juízo de valores. No Japão, por exemplo, já houve uma série de conflitos semelhantes a guerras religiosas. Nos tempos antigos do príncipe Shotoku[20], desencadeou-se um confronto entre as pessoas que reverenciavam os deuses japoneses tradicionais e aquelas que consideravam o budismo, que veio da Índia via China, como mais avançado e superior. Esse foi o motivo da luta entre os clãs Soga e Mononobe.

---

20 Shotoku Taishi (574-622) foi um regente semilendário e político do período Asuka no Japão. Ele estabeleceu um sistema de doze graus para cortesãos e a constituição de dezessete artigos, que já continha princípios da democracia em sua época. (N. do T.)

Também no período Kamakura (1185-1333), quando surgiram muitos novos grupos religiosos, a luta pelo juízo de valor foi travada até mesmo entre diferentes seitas do budismo. Por exemplo, a escola Nichiren foi fundada depois das seitas que ensinam a prática de canto, como a escola Nembutsu, iniciadas por monges como Honen (1133-1212) e Shinran (1173-1263).

Quando Honen e Shinran fundaram as seitas de canto, elas atraíram muitos crentes, mesmo entre as damas da Corte do imperador, por isso foram perseguidos e exilados para uma ilha. Mas, na época do monge Nichiren (1222-1282), a escola Nembutsu já estava amplamente difundida após décadas de atividades. Quando o recém-chegado Nichiren criticou a escola Nembutsu, esta começou a perseguir Nichiren com o apoio de guerreiros samurais.

Então, os monges da escola Nichiren também se armaram e guardaram um arsenal de *naginatas*[21], arcos e flechas dentro dos templos. Na famosa Perseguição de Komatsubara (1264), os discípulos de Nichiren foram atacados por samurais da seita Nembutsu. Nichiren foi ferido e alguns de seus discípulos foram mortos.

Nichiren também previu as tentativas de invasão mongol contra o Japão e aconselhou: "A invasão ocorrerá porque a Lei correta não foi pregada. Com a correta Lei estabele-

---

21 Arma branca japonesa que consiste em uma lâmina da espada japonesa *katana* fixada em um cabo de mais de 2 metros. (N. do T.)

cida, será possível deter as invasões estrangeiras". Mas ele foi preso e iria ser executado na praia de Yuigahama, em Kamakura; em vez disso, foi exilado na ilha de Sado. Depois que os mongóis realmente invadiram o Japão, ele teve sua pena reduzida e voltou para o monte Minobu para viver em reclusão. No final, Nichiren não conseguiu espalhar seus ensinamentos por todo o país; provavelmente, conquistou só algumas centenas de seguidores.

É muito difícil enfrentar e vencer quem está no poder. Também é difícil vencer as forças precedentes, mesmo que elas não estejam no poder. Se você estabelece uma filosofia que entra em conflito com o poder precedente ou com as forças que já têm um grande poder, você pode ser perseguido. Isso já ocorreu muitas vezes na história.

A guerra de juízo de valores novos e antigos 2 – A desconfiança e a opressão contra o cristianismo

Quando Jesus Cristo apareceu, milhares de pessoas o seguiram e ouviram seus sermões. Pensaram primeiro que ele era o Messias há muito esperado pelo povo. Entretanto, no contexto do judaísmo, o Messias não deveria ser apenas um líder religioso, mas também um líder político, alguém que pudesse transmitir as palavras de Deus e, ao mesmo tempo, ter os poderes terrenos para ser capaz de resistir a qualquer invasão e colonização de outros reinos sob a autoridade de Deus.

Durante a época de Jesus, havia grupos étnicos de fiéis que também estavam envolvidos em movimentos políticos, como os fariseus e os zelotes; eles esperavam que Jesus fosse um agitador que iria incitar o povo a lutar contra os romanos e expulsá-los. Mas Jesus disse: "Dai, pois, a César o que é de César e a Deus o que é de Deus". Como as moedas daquela época tinham o rosto de César, Jesus disse que deveriam ser devolvidas a César.

Jesus dividiu as coisas em dois valores – coisas que pertencem a Deus e coisas que pertencem ao imperador na Terra. Ao ouvir isso, as pessoas devem ter ficado desapontadas ao perceber que Jesus não seria capaz de vencer os poderes do mundo terreno. Isso está registrado claramente na Bíblia.

Também está descrita na Bíblia a cena em que milhares de pessoas ficaram chocadas ao ouvir alguns dos sermões de Jesus e se afastaram.

Por exemplo, a eucaristia é hoje uma prática comum no cristianismo, na qual os fiéis comem a hóstia – um pedaço de pão fino semelhante a um biscoito – e bebem vinho. Isso vem do episódio em que Jesus partiu o pão e o deu a seus discípulos e de outro momento na Última Ceia, em que ele bebeu vinho. Na época, ele fez um sermão e comparou o pão ao seu corpo e o vinho ao seu sangue, e disse algo como: "Quem comer a minha carne e beber o meu sangue será salvo". Dizem que muitos de seus seguidores que ouviram esta pregação ficaram desapontados e o abandonaram.

De fato, sua metáfora não foi muito adequada e as pessoas não conseguiram compreender seu sentido. Comer sua carne e beber seu sangue deve ter-lhes soado como Drácula, causando-lhes pavor; e isso foi dito mais de mil e algumas centenas de anos antes da criação do Conde Drácula. Se você fizer uma leitura atenta da Bíblia, poderá notar que, no final, permaneceram com ele apenas doze de seus apóstolos e alguns seguidores.

As pessoas esperavam que Jesus fosse um líder político que iniciaria uma revolução, mas perderam a esperança que tinham em Jesus. Ao mesmo tempo, consideravam seus ensinamentos estranhos – como a filosofia dos reptilianos –, pois não conseguiam entender o que ele estava tentando dizer. Pensavam que seus ensinamentos seriam mais atraentes e iriam se espalhar amplamente, caso ele fosse de fato o enviado de Deus.

No final, Jesus foi crucificado, e a cruz se tornou o símbolo do cristianismo. Para os valores japoneses, isso é inacreditável, porque usar um crucifixo seria o mesmo que usar o pingente de uma lápide ou algo em forma de túmulo. Por isso, dá a impressão de que o cristianismo é uma religião peculiar. Mas os cristãos usaram vários desses símbolos porque pretendiam derrubar os valores do mundo. Jesus só pôde realizar seu trabalho missionário neste mundo por cerca de três anos. Mas, nas gerações seguintes, muitas pessoas capazes apareceram entre seus discípulos e o cristianismo gradualmente ganhou poder.

O cristianismo se espalhou inclusive pelo Império Romano, mas no início os cristãos eram vistos como pessoas más, porque agiam secretamente. Acreditava-se que eles estavam sempre planejando vinganças e faziam coisas ruins, porque guardavam rancor contra Roma. Por isso, sempre que um incidente ruim acontecia, os cristãos costumavam levar a culpa.

Essa era uma estratégia típica de líderes políticos: criar inimigos e persegui-los para unir o país. Assim como Hitler tentou concentrar o poder em si mesmo perseguindo os judeus, o Império Romano já tinha adotado essa estratégia, perseguindo os cristãos. Por exemplo, durante o reinado do imperador Nero, quando grande parte da cidade foi incendiada e destruída, os cristãos foram responsabilizados e sofreram grande opressão.

Mais de trezentos anos depois disso, porém, a situação se inverteu e aqueles que eram perseguidos passaram a perseguir os outros. Essa é a ironia do destino; são aspectos muito complicados. Isso se deve em parte às limitações da percepção humana. Quando se trata de coisas que não podem ser vistas com os olhos, as pessoas não conseguem entender o que é verdade e não podem dizer se algo vem de Deus ou do diabo.

Jesus também fez milagres e curou as pessoas de suas doenças. É verdade que muitos viram isso como obra de Deus, mas alguns não encararam dessa forma. Em qualquer época, sempre há pessoas céticas.

Quando Jesus realizava uma cura, ele pedia às pessoas que não contassem o milagre a ninguém na família ou em qualquer outro lugar. Mas elas não conseguiam se conter e acabavam dizendo aos outros, por exemplo, que recuperaram a visão ou que suas pernas foram curadas e tinham voltado a andar. Elas espalhavam os feitos, mas isso também levantou dúvidas em pessoas que suspeitavam das atividades de Jesus e naquelas que estavam em posição de poder, que chamaram Jesus de vigarista ou impostor; algumas disseram até que era obra do diabo.

Mas Jesus respondia: "Como pode um demônio expulsar outro? Uma casa dividida não vai resistir. Mesmo no Inferno, se um demônio expulsa maus espíritos que tentam controlar os homens e deixá-los doentes, é como uma casa dividida, e o Inferno não pode continuar dessa forma. Mesmo no mundo dos demônios, essa regra não funcionaria". Mas sinto que essa lógica não é convincente o suficiente.

Enfim, se os humanos neste mundo forem afetados demais pelas influências dos espíritos, dificilmente conseguirão trabalhar de modo adequado, constituir uma família e levar uma vida decente sem enlouquecer. É por isso que agora ficou estabelecido que as pessoas em geral não podem ver nenhum ser espiritual nem ouvir suas palavras. Se pudessem vê-los ou ouvi-los, provavelmente enlouqueceriam. Alguns indivíduos são médiuns, têm habilidades espirituais ou são altamente sensíveis às questões espirituais, mas eles precisam se esforçar muito para levar uma vida normal e trabalhar de forma natural entre as pessoas comuns. Suponha que alguém diga a você: "Estou vendo um fantasma na minha frente", "Acabei de ouvir a voz do demônio" ou "Um anjo acabou de descer até mim e me deu essas mensagens". Seria difícil trabalhar com uma pessoa desse tipo em um escritório comum.

Será que alguém assim seria capaz de trabalhar em igrejas? Existe uma hierarquia clara dentro delas. Se a pessoa que está no topo – como o papa – puder curar doenças, ninguém a questionará, e o número de seus seguidores talvez até aumente. Mas, e se uma pessoa de nível inferior puder curar doenças ou exorcizar espíritos malignos? Se seu trabalho for altamente reconhecido, a hierarquia da igreja – ou a pirâmide de valor – ficará invertida, então provavelmente o trabalho dessa pessoa não será aprovado nem reconhecido. É por isso que milagres dificilmente ocorrem, mesmo no meio religioso.

Os "vencedores" da história às vezes eliminam valores conflitantes

O juízo de valor costuma ficar evidente com o passar do tempo, mas também existem muitos valores que são enterrados na obscuridade e desaparecem sem que possam ser entendidos claramente. É o que ocorre em uma guerra. A maioria das guerras surge devido ao choque de valores; porém, como a história geralmente é escrita pelos vencedores, é difícil saber onde realmente estava a justiça.

Na China, por exemplo, existe a filosofia da revolução. De acordo com ela, Tiandi, ou Soberano do Céu, envia um imperador a este mundo e ordena que ele governe o povo, mas se ele se tornar um governante do mal, ocorrerá uma revolução e uma nova dinastia será construída. Portanto, na história chinesa, cada dinastia dura no máximo cerca de 400 anos devido a essa filosofia da revolução.

Hoje, a China baseia-se em um sistema de partido único e é governada pelo Partido Comunista. Esse partido atual também usa bastante essa filosofia, que poderia ser chamada de "filosofia da Providência" a seu favor. Para provar que o governante é apoiado pela vontade celestial, eles anunciam estatísticas manipuladas dizendo que o padrão de vida da população melhorou ou salientando o quanto o país se desenvolveu e se fortaleceu enquanto estava ameaçado de ser atacado por outras nações. No entanto, desde Mao Tsé-Tung apenas construíram um sistema no qual "líderes vitalícios" se tornaram "deuses vivos com poderes reais neste mundo".

Por outro lado, de acordo com minhas leituras espirituais, a maioria dos líderes chineses do passado que detinha tal poder caiu no Inferno. Sinto-me relutante em dizer isso, mas muitos líderes pós-revolução da antiga União Soviética, a atual Rússia, também foram para o Inferno. Agora, parece que um novo projeto de lei foi aprovado na

Rússia para condenar aqueles que criticam os líderes soviéticos anteriores. Isso se parece com a Coreia do Norte, mas aparentemente a Rússia hoje pode punir de modo oficial aqueles que criticam ou denunciam os fundadores do país.

Então, o que está certo? Há um conflito de valores entre as religiões nas quais as pessoas comuns acreditam. Há também a perspectiva sobre o que dá origem ao poder neste mundo e onde está a fonte de poder. Além disso, devemos considerar o fato de que a democracia está recebendo muita influência da mídia. Fatores como esses tornam extremamente difícil para as pessoas reconhecerem um Messias da atualidade.

3
As forças que confundem os ensinamentos do Messias

Aqueles que enaltecem e se aproveitam de Greta, que é contra o aquecimento global

Outro dia, assisti a um programa especial que acompanhou durante um ano as ações de Greta Thunberg – uma sueca que atualmente tem 18 anos. Acho que foi um projeto realizado pela BBC, cujos direitos de exibição foram adquiridos pela emissora do programa. O especial abordou de perto como uma adolescente dá continuidade a sua rotina normal enquanto desafia os líderes mundiais.

O documentário mostra que Greta era uma estudante do ensino médio quando iniciou suas atividades; nessa época, decidiu não ir à escola e fazer uma greve em razão da condição do clima no mundo. As imagens do protesto se espalharam pela internet e estudantes de diversos países começaram a imitá-la.

Ela encara aqueles que estão "causando o aquecimento global" como inimigos e acusa os adultos de roubarem o futuro de seus filhos. Com base na crença de que é preciso deter o aquecimento global, ela ataca políticos, economistas, líderes empresariais e industriais e outros que estão "causando ou contribuindo para o aquecimento global". Seu argumento é que a justiça está na ciência, e afirma: "A ciência tem sido cristalina" e "As pessoas devem ouvir a ciência".

Porém, note: alguém que deixa de ir à escola – que não estuda – para fazer greves está defendendo a ciência. Numa ocasião, enquanto Trump ainda era presidente dos Estados Unidos, ele a confrontou e lhe disse algo como: "Volte para a escola e aprenda mais. Faça o ensino médio, vá para a universidade e estude devidamente". Esse é o caminho óbvio para os adultos.

Na verdade, tive a nítida impressão de que em grande parte Greta tem sido usada como um símbolo, está sendo usada como analista simbólica. Ela é uma criança – uma menina –, e isso dificulta os ataques dos adultos. A grande mídia adora esse tipo de pessoa, gosta de retratar indivíduos que parecem frágeis como sendo superiores e atacar os fortes para afundá-los, arrastá-los para baixo. Esse é o princípio básico da mídia; por isso, Greta deve ter sido manipulada com facilidade. Ao se opor ao aquecimento global, ela foi retratada naquele programa como se fosse uma Joana d'Arc da era moderna ou uma salvadora.

Nós, da Happy Science, ficamos curiosos para conhecer sua verdadeira natureza e conduzimos algumas investigações espirituais sobre ela, que foram transformadas em um livro[22]. Na entrevista espiritual, o primeiro ser que apareceu identificou-se como Noé, que sobreviveu ao grande dilúvio. Mas o espírito era um pouco diferente do Noé da história bíblica da Arca de Noé[23], sobre o qual já havíamos realizado uma leitura espiritual antes. Por isso, suspeitamos que, embora o espírito tivesse se identificado como Noé, na verdade quem estava possuindo Greta era outro tipo de espírito que instiga o medo ao alertar sobre as crises do fim de mundo. Então, descobrimos depois que o espírito de Lênin, uma das figuras-chave da Revolução Russa, também atuou nos bastidores para influenciá-la.

Além disso, sabe-se que Greta recebe apoio financeiro de organizações que mantêm vínculos estreitos com o governo chinês. Ao reunirmos essas informações, podemos ver que ela está sendo usada para ajudar a concretizar um grande plano que visa a derrubar os países desenvolvidos do bloco ocidental.

É verdade que algumas indústrias tomaram outros rumos para conter o aquecimento global e reduzir a emissão de CO_2, e novos negócios foram criados com esse objetivo. Por outro lado, a jovem não tem uma ideia clara sobre

---

[22] Ver *On carbon footprint reducing – Why Greta gets angry?* (em tradução livre, "Sobre a redução da emissão de CO_2 – Por que Greta está irritada?", Tóquio: HS Press, 2020).

[23] Ver *Noah no Hakobune wa Hontō ka? – Daikōzui no shinjitsu* (em tradução livre, "A lenda da Arca de Noé é verdadeira? – A verdade sobre o Dilúvio", Tóquio: IRH Press, 2014).

a economia global, a recessão econômica ou as questões de desemprego ou escassez de alimentos. Ela não é uma figura política, não entende nada de economia e nem de gestão empresarial.

Durante a administração de Trump, por exemplo, ele se esforçou para reativar no país o Rust Belt ("Cinturão da Ferrugem"), que abrange áreas com muitos moradores brancos que costumavam extrair carvão das minas ou fabricar carros, mas que hoje estão pobres. Ou seja, Trump se empenhou para dar empregos de volta àquelas pessoas. Imagino que Greta vê todas essas pessoas como vilãs. Mas ela precisa saber que o mundo é um pouco mais complicado do que isso para ser visto de forma tão simplista.

Os cientistas do clima lançam várias hipóteses sobre o que aconteceria se a temperatura média global aumentasse 2 °C ou 1,5 °C e fazem cálculos de diferentes maneiras. Mas isso é semelhante à situação atual, em que infectologistas interferem nas decisões políticas no Japão e no mundo, dizendo quais medidas devem ser adotadas. Esses acadêmicos expressam suas opiniões apenas com base no estudo de doenças infecciosas e na virologia, mas não podem se responsabilizar pelas consequências se suas sugestões forem postas em prática. Se você olhar para a questão por um único ponto de vista, através de um pequeno orifício, acabará negligenciando outros aspectos.

Às vezes, forças estrangeiras podem se aproveitar dessa situação de alguma forma, então devemos ficar atentos.

• Os ensinamentos de Messias •

A sabedoria para perceber os planos de países mal-intencionados

Os cientistas estão ameaçando as pessoas ao insistir que o aquecimento global trará o mesmo fenômeno que ocorreu na história da Arca de Noé e fará a Terra submergir. De acordo com a teoria deles, a Terra recebe energia do Sol e irradia uma parte de volta para o espaço, dispersando o calor, o que mantém a temperatura do planeta relativamente baixa; mas, se o gás carbônico se acumular na atmosfera, essa camada reterá o calor que seria emitido e dispersado, fazendo com que a temperatura da Terra suba. Eles podem muito bem ver esse tipo de fenômeno em experimentos.

No entanto, há outras formas de encarar essa questão. Mesmo que o CO_2 e outros gases se acumulem na atmosfera, devem também ter o efeito de bloquear os raios solares e dificultar que cheguem à superfície. Então, sem levar esse fator em conta, não podemos dizer coisas definitivas.

Além disso, na longa história da Terra, podemos dizer com certeza que houve momentos em que o planeta já foi muito mais quente no passado. Não há dúvida de que há 4,6 bilhões de anos a Terra era um planeta em chamas, uma bola extremamente quente de lava espessa que gradualmente esfriou. Como resultado, montanhas, rios e oceanos foram formados e, então, há centenas de milhões de anos, a vida nasceu.

Na Happy Science, sabemos que os seres humanos já existiam quando os dinossauros ainda vagavam pelo planeta. E como eram esses tempos? Os gigantescos dinossauros conseguiram sobreviver naquela época porque o clima era quente e a vegetação deve ter sido muito viçosa. Os dinossauros herbívoros cresceram e os dinossauros carnívoros que se alimentavam deles e de outros animais grandes também prosperaram.

Assim, existiram muitos animais de grande porte numa época em que a Terra era muito mais quente do que hoje. E com certeza a humanidade também vivia entre eles naquele período. Isso é fato.

Então, não creio que o aquecimento global signifique a extinção da humanidade. Ao contrário, provavelmente criou um ambiente que permitiu que plantas, animais e humanos surgissem e sobrevivessem neste mundo. Não creio que seja um problema que represente um risco à vida. A menos que a Terra seja quente, é difícil para a vida nascer e se desenvolver. Existem muitos peixes grandes nos oceanos quentes, mas eles não crescem tanto em águas frias; o mesmo acontece com as plantas. É difícil cultivar qualquer coisa onde há neve, mas, quando ela derrete, o cultivo torna-se possível e os animais se multiplicam.

De uma perspectiva ampla, a humanidade repetiu diversas experiências em sua longa história. Por isso, não creio que o rumo da humanidade seja determinado apenas por cálculos humanos, como as previsões de aumento da temperatura em 1,5 °C, 2 °C ou 4 °C. Diferentes fatores estão atuando além da gradação da temperatura. Por exemplo, existem correntes de convecção na camada abaixo da crosta terrestre – o manto –, por onde flui o magma.

Portanto, o aquecimento global não é o único fator que pode causar a submersão ou emersão de um continente; deve-se levar em conta também a atividade do magma subterrâneo.

Diz-se que há 330 milhões de anos, na Era de Alpha[24], os continentes da África, Europa e Ásia estavam todos unidos e formavam o continente Pangeia. Alpha desceu ao continente Pangeia, mas não podemos dizer com exatidão se o local de seu nascimento foi na África, na Europa ou na Ásia. Como explica a teoria das placas tectônicas, o continente se separou em diferentes partes, mas esse fato não teve nenhuma relação com o aquecimento global.

Os meios de comunicação de massa exibem apenas imagens de derretimento do gelo marinho ou de ursos-polares quase se afogando, dando a impressão de que realmente o aquecimento global é um grande problema.

---

[24] Alpha é o nome da primeira encarnação da consciência principal de El Cantare, o Supremo Deus do Grupo Espiritual Terrestre, que se deu há cerca de 330 milhões de anos. Naquela época, estava sendo realizado um novo teste com a civilização terráquea. Ocorreu o primeiro antagonismo entre etnias, de um lado os terráqueos e, de outro, as raças alienígenas, com risco de haver uma guerra mundial. Diante dessa crise, Alpha desceu à Terra para pregar a Verdade Terráquea e estabelecer um ensinamento comum para conciliar as duas raças. Ver *As Leis da Fé* (São Paulo: IRH Press do Brasil, 2018). (N. do T.)

Essa é uma estratégia de mídia que foi usada no início da Guerra do Golfo e também na Guerra do Iraque. Na época da Guerra do Golfo, a mídia mostrava imagens de aves marinhas cobertas pelo petróleo iraquiano e como a vida desses animais foi seriamente afetada. Depois, ela também apresentou o testemunho de uma menina – que mais tarde foi identificada como sendo a filha do então embaixador do Kuwait nos Estados Unidos – sobre a situação desastrosa de contaminação no Kuwait, o que deixou os legisladores americanos muito irritados. Agora, passado algum tempo, ficou claro que a Guerra do Golfo e a Guerra do Iraque começaram com base em um plano.

Os japoneses de hoje não estão muito familiarizados com assuntos globais, mas é importante lembrar que há diversos países no mundo que estão tramando agressivamente várias ações malignas para beneficiar apenas o próprio país. Devemos saber disso.

A pandemia do coronavírus, descoberto por volta de dezembro de 2019, já deixou cerca de 281 milhões de pessoas infectadas e vários milhões de mortos. O número de infectados já ultrapassou 52 milhões nos EUA e também 34 milhões na Índia, seguidos pelo Brasil. Os principais países europeus e a Rússia têm entre 10 e 12 milhões de casos, e a doença está agora se espalhando para o sudeste asiático[25]. Somente a China, apesar de contar com uma população de

---

25 Números de 27 de dezembro de 2021.

1,4 bilhão de pessoas, afirma ter conseguido conter o vírus na fase inicial e revela que, oficialmente, o número de casos não passou de 100 mil.

A Coreia do Norte, por outro lado, declarou oficialmente que não houve nenhum caso confirmado de infecção por coronavírus. Apesar disso, alguns funcionários do alto escalão do governo foram expurgados por falhas na prevenção do coronavírus, o que é bastante estranho.

Em países onde não há mídia para divulgar os fatos, quem está no poder pode inventar qualquer cifra na hora de emitir um comunicado oficial. Por isso, as outras nações não devem negociar de maneira séria com um país desse tipo. Devemos ter isso em mente.

Creio que, em certo sentido, a filosofia de Maquiavel – considerado o pai da ciência política moderna – pode ser útil se aproveitada apenas a parte da sabedoria: "O mundo não está cheio apenas de pessoas boas". Você precisa estar mais ou menos preparado, dizendo a si mesmo que pode haver países cujos representantes – presidentes ou primeiros-ministros – estão mal-intencionados.

4

Os ensinamentos de Messias necessários para a era moderna

Os ensinamentos de Messias não conseguem alcançar os países comunistas

Levando-se em conta todos os aspectos, podemos dizer que a era moderna é um período difícil; as coisas não caminham facilmente, mesmo que um Messias seja enviado do céu.

Em uma leitura espiritual, descobrimos recentemente que John Lennon, dos Beatles, parece ser pelo menos uma parte da alma de Jesus Cristo. Seu espírito tem ajudado a Happy Science a criar músicas; então, agora temos um relacionamento espiritual mais profundo com ele.

A música dos Beatles se espalhou para centenas de milhões de pessoas em todo o mundo. Perto do final de suas atividades, a banda era tão popular que muitos fãs desmaiaram durante um show em um estádio; a polícia foi acionada e os bombeiros tiveram de enviar ambulâncias ao local para socorrer as pessoas que passavam mal. Aparentemente, os membros da banda – inclusive John Lennon – ficaram muito entristecidos com esse fato, porque só queriam que seus fãs desfrutassem a música. Eles atingiram seus limites quando começaram a fazer shows em estádios.

Após alguns anos de atividade, os Beatles se separaram. John Lennon casou-se com Yoko Ono, teve um filho com ela e passou a trabalhar como "dono de casa" por cinco anos para criar o filho em casa. Durante esse período, não realizou nenhuma atividade musical. Depois disso, decidiu voltar à música iniciando uma carreira solo.

John Lennon planejava produzir um novo álbum quando ocorreu o incidente, em 8 de dezembro de 1980. Naquele dia, quando estava saindo de seu apartamento no edifício Dakota, em Nova York, um de seus fãs parou-o e lhe pediu que autografasse seu disco de vinil, e assim ele o fez. Quando ele voltou para casa cinco horas mais tarde, depois de ter feito algumas gravações, a mesma pessoa que ele encontrara de manhã ainda estava lá. John achou que era um outro fã, mas o homem estava armado e deu cinco tiros em John Lennon; quatro deles o atingiram. O agressor também deu dois tiros em Yoko, mas nenhum deles acertou a esposa.

Quando lhe perguntaram por que havia feito aquilo, o homem respondeu: "Porque achei que, se matasse John Lennon, meu nome entraria para a história". Isso quer dizer que, infelizmente, em uma sociedade armada como a dos Estados Unidos, os anjos não podem deter as balas estendendo suas asas para proteger nem mesmo alguém como John Lennon. Isso é muito triste. Ainda não fiz nenhuma investigação espiritual sobre o assassino, então não sei se ele estava possuído por um demônio.

Fui ver o local onde John foi assassinado somente cerca de um ano e meio depois do incidente. Então, embora vivendo na mesma época, perdi a chance de conhecê-lo.

No início de suas atividades, John Lennon cantou músicas que cativavam jovens fãs e ganharam popularidade. Mas, depois de se mudar para os Estados Unidos, ele começou a protestar contra a Guerra do Vietnã, levada a cabo pelo presidente Nixon e seus sucessores, condenando inclusive o bombardeio do Vietnã do Norte e o lançamento de bombas de napalm, que mataram muitos agricultores vietnamitas. As atitudes de John foram um símbolo do rock.

John começou a cantar canções como *Power to the People* ("Poder para o povo", em tradução livre), e já entendia naquela época que a China, depois da revolução de Mao Tsé-Tung, estava errada. Ele criticou tanto os EUA por bombardear o Vietnã, que certa vez recebeu ordens para deixar o país. Mas, embora censurasse os EUA por seu bombardeio unilateral ao Vietnã, ele também considerava que a China estava errada, pois não concordava com a revolução maoista.

Ele imaginou que, se pudesse realizar um show na Praça Tiananmen, poderia mudar a China. Também pensou que, se os Beatles pudessem fazer uma apresentação na Praça do Kremlin, na União Soviética (atual Rússia), eles poderiam mudar o mundo. Mas os países comunistas nunca os deixaram entrar. Eles vetaram a banda porque não tinham certeza da filosofia por trás de sua música. Assim, mesmo que John Lennon quisesse ir até lá para fazer um show, não poderia. Isso mostra que já havia uma "briga nos bastidores".

John Lennon escreveu uma música criticando Mao Tsé-Tung e queria colocá-la no lado A de seu disco, mas aparentemente foi pressionado a colocá-la no lado B. Então, suponho que algumas pessoas secretamente queriam assassiná-lo por razões políticas.

Isso é muito triste. Alguém como John Lennon só pôde fazer um trabalho limitado neste mundo. Diz-se que Hong Xiuquan, o líder da Rebelião Taiping, na China, foi morto junto com 50 milhões de pessoas durante a rebelião. Ele é considerado uma parte da alma de Zoroastro.

Também em Hong Kong, muitos ativistas têm sido presos e sentem que estão correndo perigo de vida. Não é necessário um exército para oprimi-los, os policiais são suficientes para prendê-los e torturá-los. Quando os ativistas pró-democracia de Hong Kong são presos acusados de realizar movimentos contra o governo, eles são despidos, fotografados e depois enviados a Pequim em sacos de pano. São humilhados dessa forma até que aos poucos se sintam desamparados e criem um reflexo condicionado semelhante ao dos ratos de laboratório que desistem de chegar à comida porque temem receber um choque elétrico. Isso mostra que a cultura da tortura existe ainda hoje.

Sabe-se também que, até certo ponto, os uigures da Região Autônoma Uigur e os membros do Falun Gong[26] que se opõem ao governo de Pequim são usados para transplantes de órgãos se forem capturados. Quem é assassinado não pode revelar nada, mas isso parece ser verdade.

Na China, o número oficial de indivíduos com morte cerebral que podem ser doadores de órgãos não passa de alguns milhares por ano; portanto, não seria possível haver mais órgãos disponíveis do que essa quantidade. Mas, aparentemente, hoje no país alguns órgãos podem ser fornecidos em 10 minutos, dependendo do caso. É uma quantidade enorme que fica disponível. A partir disso, presume-se que os órgãos sejam extraídos de prisioneiros condenados à morte, de pessoas de diferentes etnias capturadas nas regiões autônomas e de adeptos do Falun Gong, oprimidos e presos pelo governo, tudo feito sob a justificativa de "salvar vidas por meio da medicina".

Condutas desse tipo não cessarão, a menos que as forças armadas da ONU entrem no país. Precisamos saber que tais atrocidades estão ocorrendo ainda hoje. Também precisamos ter consciência de que existem muitos locais de teste nuclear no Turquistão Oriental, com residentes uigures, e que no passado foram realizados muitos testes subterrâneos,

---

26 O Falun Gong ("Prática da Roda da Lei", em tradução literal do mandarim) é uma prática espiritual chinesa que combina meditação e exercícios com uma filosofia moral. (N. do E.)

testes na superfície e de explosão no ar, provocando a morte de centenas de milhares de uigures. Morreram mais pessoas na Região Autônoma de Uigur por causa dos testes nucleares do que nas cidades de Hiroshima e Nagasaki devido ao bombardeio atômico. A China é um país opressor que pode até encobrir incidentes dessa magnitude.

O que o Messias deve dizer nesta era de valores confusos

Sobre os países ditatoriais e totalitaristas, assim como os democráticos e liberais

Estamos em um ponto em que ainda podemos mudar nosso futuro. Procuro passar mensagens de forma simples para que as pessoas possam compreendê-las bem. Alguns países estão sob uma ditadura e têm regimes totalitários que podem oprimir seu povo. Sob um regime desse tipo, mesmo que 80% das pessoas pensem que algo está errado, elas não podem expressar suas opiniões.

Esses países também desenvolvem armas nucleares e têm intenção de invadir outros países. Por isso, para as nações do bloco ocidental, que procuram adotar a opinião de muitas pessoas, é importante impedir que nuvens negras pairem sobre o nosso futuro.

Quanto às nações democráticas, os países livres também possuem aspectos que podem tornar as pessoas corruptas e decadentes. Portanto, é preciso ter força de vontade e se disciplinar.

Há aspectos no liberalismo que servem somente para corromper as pessoas, então devemos ter cuidado. A liberdade para a corrupção pode produzir demônios. Então, as pessoas que compartilham valores ocidentais devem ser capazes de se controlar, ter a responsabilidade de zelar pela sociedade e a responsabilidade de trabalhar para a felicidade dos outros. Em termos religiosos, se existem igrejas e você acredita no cristianismo, deve tornar sua crença religiosa tangível e manifestá-la de alguma forma no mundo terreno.

Sobre os países muçulmanos

Também existem problemas nos países muçulmanos. Todas as pessoas são consideradas iguais sob o único Deus Alá que não pode ser visto, mas nesses países há maneiras de pensar que justificam a pobreza e impedem que sua sociedade se desenvolva e prospere. Penso que todos precisam se esforçar para transformar sua sociedade de modo que cada indivíduo, de acordo com sua circunstância, possa abrir seu caminho e contribuir para o desenvolvimento e a prosperidade de seu país.

As pessoas que acreditam na religião também devem se esforçar; se a religião que seguem se tornou uma casca vazia que apenas cumpre formalidades, precisamos inserir alma nela. Além disso, devemos considerar, do ponto de vista de Deus e Buda, como a ciência e a tecnologia devem avançar e como devem ser usadas para fins militares e espaciais. Nesse sentido, historicamente, o papel que o Messias pode desempenhar tornou-se muito menor.

Sobre o regime chamado Estado de Direito

Outro exemplo é Nelson Mandela, que nasceu na África do Sul e se tornou presidente. Ficou conhecido por ter se dedicado a atividades para libertar os negros e haver trabalhado pela igualdade entre negros e brancos. De acordo com uma leitura espiritual da Happy Science, surgiu a hipótese de que ele é uma das almas irmãs de Moisés[27].

Mesmo sendo alguém tão importante, ele passou 27 anos preso; é uma situação muito complicada. Ele finalmente conseguiu sair da prisão e se tornar presidente; isso provavelmente ocorreu graças a mudanças nas tendências da sociedade. Do ponto de vista do plano do Mundo Celestial, deve ter sido quase como caminhar numa corda bamba. Não havia garantia de que Mandela pudesse se tornar presidente e libertar os negros.

A África do Sul é outro país que está sofrendo com a pandemia do coronavírus. A pobreza prevalece e muitos shopping centers foram saqueados; a sociedade não está se-

---

27 Ver *A Última Mensagem de Nelson Mandela para o Mundo* (São Paulo: IRH Press do Brasil, 2014).

gura agora. Quando a pobreza prevalece e ocorrem tumultos, a sequência de eventos bastante comum é que a polícia e o exército sejam mobilizados. Dependendo da situação, uma ditadura militar pode ser estabelecida depois disso. Podemos ver muitos desses padrões acontecendo em todo o mundo. Na Tailândia, os militares deram um golpe de Estado, e o governo militar ainda continua. Myanmar está na mesma situação.

Quando os políticos não conseguem fazer inimigos fora do país para unificar o sentimento do povo, muitas vezes eles se voltam para os assuntos internos usando a força militar para reprimir revoltas populares. Como resultado, os direitos humanos têm sido severamente oprimidos.

Em Myanmar, por exemplo, foram feitas emendas à Constituição. Essa revisão dificilmente ocorre no Japão, mas Myanmar fez emendas e acrescentou uma cláusula que proíbe qualquer pessoa casada com um estrangeiro ou com filhos de nacionalidade estrangeira de se tornar presidente.

É um absurdo que questões pessoais estejam incluídas na Constituição, mas tais emendas realmente foram aprovadas durante o regime militar.

Portanto, um país não é necessariamente correto e justo só porque tem leis. Não podemos dizer que um país é justo apenas porque conta com um sistema parlamentar, pois, se o Parlamento estiver cheio de bajuladores, na prática é como se houvesse um governante único. Desse modo, não basta apenas preservar o sistema. O que importa é o conteúdo; é uma questão da alma do sistema.

Sobre o jornalismo e a sociedade que se baseia na internet

A democracia é aprovada somente quando as pessoas têm fé em Deus e em Buda e cada uma delas tem consciência para julgar o certo e o errado. Quando se realiza uma votação pela maioria sob essas condições, os bons prevalecem e os maus perecem.

O mesmo pode ser dito do jornalismo. Se os jornalistas em geral escrevem artigos com base em sua consciência, eles até podem cometer erros às vezes, mas acredito que, em longo prazo, aqueles com opiniões sólidas e sensatas serão a maioria e gradualmente mudarão a política e a economia. Faz parte da missão deles derrubar os líderes no poder que estão possuídos por demônios.

No entanto, mesmo que se use papel em vez de armas de fogo para fazer isso, fico na dúvida se o que eles escrevem está correto. Infelizmente, a imprensa está mostrando comercialismo e ataca qualquer pessoa se isso lhe trouxer lucro. Dessa forma, os direitos humanos às vezes são violados ao longo do caminho.

Também na internet estão circulando muitas informações não confiáveis, e indivíduos notáveis ou que estão no centro das atenções estão sendo retaliados pela inveja das outras pessoas. A internet nem sempre cria uma sociedade livre e democrática. Às vezes, meras informações particulares e triviais causam confusões, levando a uma política baseada em fofocas, em que os políticos só falam mal uns dos outros.

Tenha um sistema de valores que diferencie o certo do errado, apoiado por uma estrutura forte e sob os ensinamentos do Messias

No geral, precisamos de um sistema de valores que diferencie o certo do errado e seja apoiado por uma estrutura forte. Agora é a hora em que os princípios religiosos – ou as principais ideologias religiosas – devem ser ensinados e propagados na Terra para que as pessoas possam aprender esse sistema de valores.

Acredito que minha principal missão é perceber claramente o que é bom e o que é mau nesses tempos de constante mudança e ensinar isso às pessoas. Nesta era moderna, não podemos mais resolver os problemas atuais com base nos ensinamentos dados por Deus ou Buda há 2 ou 3 mil anos. A única solução é dizer às pessoas, com coragem, o que é certo e o que é errado baseado no que os seres no nível de Deus ou Buda estão pensando agora.

Isso pode até fazer com que sejamos perseguidos ou atrair ameaças de outros países. Por exemplo, o que aconteceria se um país tentasse ajudar Taiwan caso a China lançasse um ataque para ocupá-lo? Um vídeo foi postado na

China sugerindo que os chineses lançariam armas nucleares em cidades japonesas se o Japão interviesse para ajudar Taiwan. Mas o Japão não deve se tornar um país que negligenciará atos malignos por causa dessas ameaças.

Além disso, um porta-aviões britânico e seu grupo de ataque chegaram ao Japão em setembro de 2021, e fizeram escala em cinco portos japoneses. O Reino Unido, que estava sofrendo com a pandemia do coronavírus e registrando até 50 mil novos casos por dia, enviou seu porta-aviões e outros navios de guerra para o outro lado do mundo, mesmo enquanto lutava com a pandemia prolongada, apesar da intensa campanha de vacinação.

Na época em que a região administrativa de Hong Kong foi devolvida à China, em 1997, o governo britânico fez um acordo no qual os chineses prometiam manter o regime liberal da região por cinquenta anos, mas a promessa foi quebrada pouco mais de vinte anos depois. Eu concordo que há justiça em acusar o governo de Pequim de ter quebrado um acordo internacional e demonstrar presença militar para exercer pressão sobre a China.

O Japão, por sua vez, evita tomar uma posição clara sobre o assunto e se preocupa apenas com o benefício econômico. Se o governo japonês e aqueles que estão aderidos a ele – como o Partido Komei e o grupo religioso Soka Gakkai, que se orgulham de contribuir para o restabelecimento das relações diplomáticas entre o Japão e a China – ainda não perceberam as mudanças que estão ocorrendo e evitam tomar ações políticas, então devo dizer que estão cometendo atos malignos. O Japão deve expressar opiniões de acordo com sua força nacional.

Quanto ao coronavírus, é provável que tenha se originado no laboratório de Wuhan. Mas é muito estranho que a infecção não tenha se espalhado no local de origem, enquanto outros países sofrem com centenas de milhões de pessoas contaminadas. Falando de maneira objetiva, isso só pode ser visto como um país específico causando confusão e massacre no mundo inteiro. Se ninguém consegue enxergar isso, é melhor ficarmos preparados para o segundo e o terceiro ciclos de desastres.

Devemos ser fortes.

Antes que outras catástrofes ocorram, precisamos trazer valores mais elevados para o mundo terreno, espalhá-los e fornecer às pessoas materiais de base para pensar e ensiná-las sobre isso.

Devemos lutar com pensamentos e opiniões. Antes disso, devemos lutar pela fé. Por favor, saiba que está havendo uma batalha entre Deus e os demônios. Não acho certo que os japoneses permaneçam indiferentes aos assuntos mundiais. Isso conclui este capítulo sobre os ensinamentos de Messias.

CAPÍTULO QUATRO

O coração da Terra

*Shambala, o local que promove
o despertar espiritual da humanidade*

• O CORAÇÃO DA TERRA •

1
Shambala, o segredo da Terra

―◈◈―

Neste capítulo, eu gostaria de me concentrar em alguns ensinamentos espirituais ou ensinamentos da mente. Eu o intitulei "O coração da Terra", mas, se fosse usar outro termo, seria "O coração de Shambala".

Existe um "centro espiritual" na Terra chamado Shambala, sobre o qual planejamos fazer um filme nos próximos anos. Em termos de região geográfica, ele está localizado perto da área subterrânea ao redor do monte Everest. Há entradas para ele em locais da Índia e do Nepal.

Quando os meios de transporte ainda não estavam tão desenvolvidos, era bastante difícil ir para lá fisicamente. Porém, muitos mestres vêm realizando seu aprimoramento em Shambala em um sentido espiritual. Algumas pessoas preferem ir fisicamente para o local entrando pela Índia ou pelo Himalaia para praticar ioga, mas para aqueles que não conseguem fazer isso, sua alma pode sair do corpo durante o sono e ir para lá praticar, por exemplo.

Se um indivíduo possui a chamada "Qualificação de Messias" ou "Qualificação de Salvador" na Terra, na maioria das vezes deve ter feito um treinamento espiritual em

Shambala. Claro, existem poucas pessoas com essa qualificação; a grande maioria não tem. Mas aqueles que alcançaram o nível de mestre ou guru em seus respectivos campos recebem a oportunidade de fazer o treinamento espiritual em Shambala. Isso não significa necessariamente que você pode ir para lá por conta própria; você precisa ser chamado. Precisa ser convidado para receber o treinamento.

As especializações ou profissões daqueles que vão para lá são diversas. Muitas vezes, é preciso que haja um despertar espiritual para que o treinamento seja concluído; por isso, os líderes religiosos com certeza são os mais comuns. Mas há também pessoas de outras profissões, como músicos, pintores, escritores, inventores, políticos, empresários e, dependendo da época, até reis e generais. Esse local existe para proporcionar algum tipo de despertar espiritual, mas o número de pessoas que podem ter acesso é limitado.

Uma vez que o indivíduo tenha sido treinado lá, em geral ele passa a trabalhar como mestre de um grupo de pessoas, mesmo que esteja em um estágio preliminar para se tornar um salvador e limitado a uma região ou seita religiosa.

No passado, havia centros espirituais dessa natureza na Atlântida, em Mu e também na Lemúria, mas depois que esses continentes afundaram e desapareceram do mapa, as partes espirituais desses locais estão agora reunidas em Shambala. Na verdade, Shambala passa por uma forte crise, pois a China, sua vizinha, agora está focada na ciência materialista e começou a travar uma grande batalha neste mundo. Se este mundo tridimensional ficar repleto de pessoas que não acreditam em nada do mundo espiritual, será um problema sério. Por isso, agora estamos tentando elevar de alguma forma a consciência de toda a Terra. E muitas pessoas estão treinando arduamente para difundir a cultura espiritual e uma civilização espiritual pelo mundo todo.

Eu tenho certo relacionamento com o espírito de alguns escritores japoneses, como Ryunosuke Akutagawa e Yasunari Kawabata, com os quais converso ou a quem peço ajuda em alguns trabalhos. Eles têm acesso a Shambala, por isso, creio que recebem muitas inspirações espirituais e mentais. Alguns deuses japoneses também frequentam o centro espiritual.

Quando uma pessoa fica no mundo terreno por muito tempo, ou se este mundo se torna um local muito agradável para viver, ela começa a sentir que não precisa do mundo espiritual. E cada vez mais pessoas passam a preferir viver no mundo terreno. Como resultado, seus interesses ficam centrados no corpo físico e na matéria.

Hoje, com o desenvolvimento da ciência, a civilização mecânica atingiu um nível muito mais elevado do que nos últimos 10 mil anos; porém, mesmo sob essas circunstâncias, há sinais de que as pessoas estão sendo iludidas. Em uma fase mais primitiva da humanidade, o problema mais grave seria como obter alimentos, e no período de muitas guerras entre tribos, a preocupação maior seria como parar as guerras e construir a paz.

Na era atual, o foco das pessoas é diferente; questiona-se o quanto o desenvolvimento da economia poderá contribuir para a construção de uma civilização espiritual. Se o desenvolvimento econômico leva as pessoas a uma direção materialista, e o número de pessoas que se apegam somente ao modo de vida mundano aumenta cada vez mais, então isso será problemático.

Este mundo em que vivemos é a terceira dimensão; parte do mundo espiritual possui um campo magnético próximo à superfície terrestre, que é a quarta dimensão. Depois que morrem, as pessoas voltam para o mundo espiritual e vão para quarta dimensão; porém existem muitas almas que não conseguem ir além dessa dimensão, e uma quantidade cada vez maior de almas continua repetindo o processo de retornar à quarta dimensão e, em seguida, renascer neste mundo.

De maneira semelhante ao que ocorre com a maioria dos espíritos de animais, muitos seres humanos ficam apegados a este mundo, pensando que aqui é a sua casa, sua morada principal, e quando deixam este mundo e voltam para o outro, dizem: "Que pena, não consigo obter mais nada do que quero". Mais e mais pessoas estão pensando: "Quero voltar para o mundo terreno o mais rápido possível". É preciso dizer que isso também está relacionado com o atual crescimento populacional do planeta.

Existem inclusive seres que vieram de outras galáxias para a Terra, e alguns deles vieram para fazer treinamento espiritual e mental em Shambala.

Também pode ocorrer o oposto: há casos em que pessoas deixam a Terra e vão para outros planetas a fim de obter disciplina espiritual. Dependendo da tendência da alma, aqueles que completaram seu treinamento espiritual na Terra e precisam de um tipo diferente de aprimoramento podem ir para outro planeta de treinamento em outra galáxia para treinar sob a orientação de um grande mestre.

Assim, Shambala é o centro espiritual da Terra, para onde vêm até seres do universo em busca de aprimoramento.

No entanto, a maior parte do que se sabe sobre esse local está cercada de mistérios, e seus segredos internos raramente são revelados. Nos últimos anos, desde 1800, alguns dos segredos de Shambala foram revelados sob a forma de "teosofia".

Na época em que o mundo estava passando pela modernização e pelo desenvolvimento da civilização materialista e científica, aqueles que pregavam os segredos de Shambala foram perseguidos e frequentemente marginalizados, considerados impostores e vigaristas. Apesar disso, por baixo da superfície, esses segredos influenciaram a base de diversas religiões ao redor do planeta. Viver neste mundo é como uma planta aquática flutuante, mas os segredos de Shambala são uma parte importante de como as religiões – assim como as plantas flutuantes – podem estender suas raízes e crescer no solo no fundo da água.

2

Iniciação para se tornar um Messias

❖——◆——❖

A disciplina do Messias em Shambala para compreender a verdade do mundo espiritual

A iniciação é necessária para qualquer um que deseje se tornar um verdadeiro Messias.

E qual é essa iniciação para se tornar um Messias, e até mesmo para se tornar um mestre, que constitui um estágio anterior ao de um Messias? É o aprimoramento para compreender que o mundo espiritual e o mundo mental são o lar da alma e o aprimoramento da alma em si.

Em outras palavras, o aprimoramento do coração, que é a parte central da alma, é a razão pela qual os humanos vivem na Terra como animais superiores. Eles fazem esse treinamento para compreender isso totalmente e de modo sistemático.

A representação deste aprimoramento em termos mundanos pode ser, por exemplo, a época do treinamento ascético do Buda Shakyamuni na Índia. Também existem pessoas que fazem jejum ou cortam os cereais de suas refeições, e algumas que realizam práticas árduas que outras pessoas consideram impossíveis. Ainda hoje, no Japão, há indivíduos que realizam treinamentos ascéticos nas montanhas, sob cachoeiras e experimentam várias outras coisas. Mas como eles não vão se tornar atletas olímpicos, essas práticas em si não são nobres. Seu objetivo principal é fortalecer mais o senso de espiritualidade do que os sentidos físicos.

O jejum, por exemplo, pode ser perigoso, mas é possível fazê-lo neste mundo quando há um método consolidado e sob a orientação de um bom líder. E quando você está jejuando, com certeza chega um momento em que o espírito se separa do corpo físico, e é nessa hora que você passa a ter consciência espiritual.

Quando você se desprende do corpo físico e começa a compreender a si mesmo como uma existência espiritual, ocorre inevitavelmente uma espécie de "estado instável" ou uma armadilha da tentação do mal, um período em que surgem diversos tipos de tentação. Embora esses enganadores já sejam espíritos, seres originalmente do mundo espiritual, eles exercem essas tentações porque ainda acham que este mundo é o seu verdadeiro lar e querem que muitas pessoas pensem da mesma forma.

Esses seres malignos aparecem e tentam nos seduzir com tentações mundanas. Desejo de comida, sexo e sono é a forma típica de ganância básica que os humanos têm enquanto vivem num corpo físico, e vários seres malignos podem aparecer aproveitando-se dessas cobiças.

A maioria dos espíritos dos animais também não consegue escapar deste mundo; porém, mesmo eles às vezes têm algum tipo de poder sobrenatural e podem ser adorados como deuses. Por conseguinte, em diversos locais existem santuários e templos onde esses animais são venerados porque as pessoas acreditam que eles atenderão aos seus desejos mundanos.

No Japão, por exemplo, existe a crença no espírito de uma raposa. Muitos acreditam que a raposa-deusa Inari pode ajudá-los a ter uma boa colheita, um casamento bem-sucedido, favorecer a prosperidade dos descendentes e muito mais. Além da devoção ao espírito da raposa, alguns espíritos da linhagem das cobras também podem ajudar na realização dos desejos libidinosos, pois eles têm fortes pensamentos de apego. No entanto, quando esses desejos não são realizados, seus poderes podem se transformar numa espécie de maldição capaz até de matar o alvo. Assim, esses seres podem ajudar na aproximação de homens e mulheres, porém, pelo medo.

Além dos seres demoníacos que são espíritos de animais transformados, também existem muitos que eram espíritos humanos que tinham fortes desejos enquanto estavam vivos e que permanecem na quarta dimensão como uma personificação dessas cobiças.

Eles reencarnam entre esse lugar e a Terra repetidamente, e esse ciclo é geralmente chamado de "reencarnação entre os Reinos do Desejo".

Contudo, mesmo entre aqueles que fazem essa reencarnação, às vezes surgem indivíduos poderosos. Alguns deles podem se tornar demônios ou diabos no Inferno; outros adquirem habilidades especiais na região do mundo espiritual chamada "Mundo do Verso", agindo como se fossem deuses. Segundo esses seres, eles tornam as pessoas seus adoradores; mas, sob a visão de outras pessoas, eles estão somente ludibriando os outros.

Assim, quando nos concentramos em disciplinas ascéticas para sermos espiritualizados, somos sempre confrontados com tentações que podem nos prejudicar seriamente. Como resultado, ao longo do caminho somos testados para ver o quanto estamos conscientes de que somos seres espirituais.

O treinamento do despertar espiritual em Shambala leva à sabedoria do Universo

Aqueles que há muito tempo vêm realizando um treinamento espiritual em locais como Shambala irão experimentar o "despertar espiritual" em um estágio relativamente inicial.

Existem vários tipos de aprimoramento e, enquanto você pratica, pode ouvir as vozes dos espíritos, enxergar espíritos ou desenvolver algumas habilidades especiais. Entretanto, esses fenômenos espirituais por si sós não estão necessariamente relacionados de modo direto com a iluminação. Eles podem aparecer como uma das "ferramentas" que comprovam a iluminação.

No final, o mais importante é o quanto você entende o fato de que é uma forma de vida espiritual. A lapidação neste mundo consiste em se esforçar para alcançar a atitude mental ou a disposição para se aprimorar e se iluminar – mesmo que seu corpo esteja aqui na Terra – aspectos que você buscava quando estava num mundo distante da superfície terrestre.

Em outras palavras, aqueles que possuem um corpo e precisam se alimentar neste mundo para sobreviver estão, de certa forma, envolvidos numa espécie de corrida de obstáculos. Coisas que são um pouco mais fáceis de superar quando somos seres espirituais tornam-se obstáculos neste mundo.

Por exemplo, quando você é um ser humano neste mundo, enquanto houver muros entre as casas ou paredes dentro da casa, você não pode atravessá-los sem permissão. Contudo, quando você é um ser espiritual, pode atravessar um terreno mesmo que haja uma casa ou passar de um cômodo para o outro sem abrir a porta.

Embora estejamos vivendo num "mundo místico", se revelássemos todos os mistérios aos vivos, será que eles se tornariam espirituais? Se fosse assim, não precisaríamos nascer neste mundo e poderíamos simplesmente permanecer no mundo espiritual.

No mundo espiritual não existem coisas como os acidentes de carro que ocorrem no mundo terreno. Quando acham que vão colidir entre si, as pessoas podem passar umas pelas outras, pois estão em corpos espirituais.

Além disso, também existem edifícios e diversas outras construções no mundo espiritual, mas você pode passar por todos eles, até mesmo atravessar montanhas. Se você estiver diante de uma montanha, pode achar que vai se chocar contra ela se continuar voando, mas na verdade não vai atingi-la. Um caminho se abrirá na sua frente e você conseguirá atravessar a montanha. Se você cai em um lago, talvez pense que vai se afogar, mas isso não vai acontecer, mesmo sem respirar oxigênio; é uma experiência curiosa.

Portanto, acredito que muitas histórias misteriosas que vêm de tempos remotos contêm uma mistura de experiências do mundo espiritual.

Pela mesma lógica, aqueles que podem se tornar uma forma de vida espiritual e ir além do mundo espiritual da Terra, mesmo que não haja oxigênio no universo, são capazes de viajar pelo espaço sideral e chegar a outros planetas onde também não haja oxigênio nem alimentos, e se relacionar com os habitantes do mundo espiritual de lá.

Em geral, há um consenso de que não há velocidade mais rápida do que a da luz no mundo terreno. Com base nisso, a distância entre as estrelas é medida pela velocidade da luz, calculada em números de anos-luz. A distância que a luz percorre em um ano é definida como 1 ano-luz. Mas, além dos planetas no nosso Sistema Solar, se viajássemos para outros lugares onde vivem formas de vida humanoides, que estão um pouco mais distantes da Terra, levaríamos pelo menos 4 anos à velocidade da luz.

Mas, quando se trata de velocidade espiritual, não há limite. A velocidade espiritual depende da "capacidade espiritual" e do "poder da iluminação" de cada um. Portanto, algumas pessoas viajam tão rápido quanto a velocidade da luz; outras vão tão rápido quanto a velocidade do som. E aquelas que têm um grau menor de consciência só conseguem se deslocar à velocidade de uma caminhada ou corrida de um ser humano normal na Terra.

Os fogos-fátuos[28] que as pessoas às vezes podem ver estão voando a uma velocidade não muito diferente da de uma criança caminhando. Então, creio que voar à velocidade de uma bicicleta é na verdade bem rápido para essas almas humanas.

Assim, quanto mais desperta for a consciência espiritual de uma pessoa e quanto mais ela souber a respeito da liberdade da alma, mais poderá mudar de forma e de velocidade de viagem. Alguns seres podem até se mover como se fizessem um teletransporte. Por exemplo, suponha que haja outros alienígenas do tipo humanoide vivendo a cerca de 4 anos-luz de distância. Se você for um mestre ou um guru mais desperto – chamado de "adepto", que é um nível um

---

28 Segundo a cultura japonesa, quando uma pessoa morre, a alma deixa o corpo e passa a flutuar na forma de uma espécie de bola de fogo, uma bola de energia espiritual conhecida como "fogo-fátuo". Ver *As Leis do Segredo* (São Paulo: IRH Press do Brasil, 2021). (N. do E.)

pouco superior ao de um mestre –, você pode viajar até lá como se tivesse sido teletransportado. Basta pensar no seu destino e você chega lá instantaneamente.

E se viajássemos para outra galáxia, para um ponto ainda mais distante? Não é tão fácil para as almas que agora estão separadas como espíritos individuais viajarem individualmente para galáxias distantes. Para tornar isso possível, elas precisam se reunir como um grupo de almas formando uma única bola de luz, uma fotosfera.

Porém, mesmo aqueles que conseguem transpor distâncias intergalácticas têm diferentes velocidades uns dos outros. Há seres que levam anos, enquanto outros levam dias; alguns levam umas poucas horas, e os que são extremamente rápidos podem ter a sensação de que viajam quase instantaneamente. Isso varia de acordo com a capacidade da alma, mas se esses seres sentirem que será difícil transpor uma grande distância como espírito individual separado de seu grupo de almas, a solução básica é reunir todos os membros do grupo e viajar como um só corpo.

Outro modo de um espírito individual ter uma experiência de visitar outro planeta é geralmente em forma de uma viagem acompanhada por um espírito guia de um nível superior. Sem essa orientação, o espírito individual pode se perder e se tornar um ser errante no meio do vasto universo, pois perde a noção de referência espacial. Portanto, é possível também viajar sob a orientação de um espírito superior.

Enfim, existe uma iluminação do universo na qual você alcança liberdade total, mas, no âmbito da Terra, Shambala é o local que os ascetas buscam para realizar um treinamento a fim de se tornarem iluminados.

El Cantare, o Senhor de Shambala, que forma líderes com qualificação de Messias

Como um tópico deste mundo, vemos que a China, uma nação científica materialista, está ameaçando suas nações vizinhas, como a Índia, e tentando conquistar aquele país e as áreas ao redor do monte Everest. Então, podemos considerar que está em ação agora uma grande força para proteger aquela região. Por isso, chegará uma hora em que ocorrerão muitos incidentes que mostrarão claramente qual mundo é o verdadeiro: o espiritual ou o terreno.

O "Senhor", líder máximo de Shambala na Terra, é a parte oculta da existência conhecida como "El Cantare", que não aparece no mundo terreno.

Ainda existem muitos segredos sobre esse ponto e não posso revelar todos eles agora, mas Shambala praticamente se consolidou como o centro espiritual da Terra pelo fato de o Buda Shakyamuni ter nascido perto da fronteira entre o Nepal e a Índia e ter propagado o budismo nesses dois países.

Já existiram outras bases anteriormente. O Egito, por exemplo, funcionou como centro espiritual durante muito tempo, e costumava ser um local de aprimoramento espiritual. No entanto, após a queda da dinastia ptolomaica[29], há cerca de 2 mil anos, o Egito ficou enfraquecido como centro espiritual. O centro ainda existe, mas está fraco e se tornou uma civilização do passado. Israel também já foi um centro por um curto período de tempo, mas, da mesma forma, não é um local tão forte agora.

Mesmo antes disso, várias civilizações surgiram ao longo dos rios Tigre e Eufrates, e nasceram muitas pessoas qualificadas para serem Messias. No entanto, como você pode notar hoje, a região não tem mais aspectos de nações desenvolvidas e está cercada por desertos; portanto, sua posição como um "centro espiritual" diminuiu consideravelmente. Ela ainda possui lugares onde os espíritos do nível de deuses étnicos praticam seu treinamento espiritual; porém, estão bem obsoletos como locais de aprimoramento no nível global.

Houve um tempo em que a Europa estava em ascensão. A Escandinávia já foi um centro espiritual, e isso ocorreu há cerca de 10 mil anos, desde a época em que o deus Odin era adorado principalmente nessa região nórdica até quando a civilização celta foi praticamente extinta. Houve um tempo em que a Grécia também era o centro

---

[29] Após a morte de Alexandre, o Grande, o poder foi herdado por um de seus generais, Ptolomeu, que se proclamou rei e deu início à dinastia ptolomaica, que iria governar o Egito por três séculos, de 305 a 30 a.C. (N. do E.)

espiritual da Europa. Os campos magnéticos espirituais mudam, de acordo com a transição das civilizações.

Do ponto de vista mundano, Shambala agora está localizada debaixo do monte Everest. Esses centros espirituais e as mudanças das civilizações na Terra estão interligados. Isso mostra que há uma razão pela qual a Happy Science tem difundido suas opiniões sobre a política e a economia internacionais e sobre as guerras no planeta.

Mesmo que tenha existido uma civilização avançada ou um centro espiritual na Atlântida, seus deuses não conseguiriam permanecer no local depois que a própria civilização pereceu. Eles tiveram de reencarnar em outro lugar.

O mesmo aconteceu quando o continente de Mu afundou, e também quando a Lemúria – a civilização que existia entre a Índia e a África, no oceano Índico – submergiu.

Houve uma época em que a África de hoje era mais próspera e constituía um centro espiritual, mas infelizmente o centro da civilização mudou-se para outras áreas, e podemos dizer que ela não tem muito poder de atração espiritual agora.

Shambala e os despertos 1 – A jornada de treinamento de Jesus Cristo na juventude

Como já escrevi em alguns livros da Happy Science, durante sua vida Jesus Cristo foi a Shambala para realizar seu aprimoramento[30]. Sabe-se que Jesus Cristo passou a ser notado aos 30 anos, pregou durante três anos e foi crucificado aos 33 anos. Dizem também que "há um período de 17 anos misteriosos em seus 33 anos de vida". Em suma, não se sabe o que ele fez antes dos 30 anos de idade.

Parece que ele visitou o Egito por um tempo. Ali consultou sacerdotes e também estudou literatura – herdada da antiga civilização de Atlântida – nas grandes bibliotecas egípcias. Além disso, naquela época o budismo já havia sido introduzido no país, inclusive havia templos budistas lá. Jesus também ouviu dizer que na Índia havia um campo magnético espiritual superior e uma religião correspondente. Então, viajou para o ocidente da Índia, estudou parte do antigo budismo e também um pouco de ioga.

Shambala e os despertos 2 – O despertar espiritual de John Lennon e de Lao-Tsé, que desapareceu em busca de Shambala

Mais recentemente, aconteceu algo semelhante com John Lennon. Creio que a Happy Science foi a primeira a afirmar que John Lennon "poderia ser uma parte da alma de Jesus". John Lennon, que foi o líder dos Beatles, tem aparecido com frequência na Happy Science para orientar nossa produção musical.

---

30 Ver *As Leis Douradas* (São Paulo: Editora Best Seller, 2001). (N. do T.)

John Lennon nasceu em Liverpool, na Inglaterra; logo expandiu suas atividades musicais para toda a Inglaterra e Alemanha. Porém, sua vida mudou no meio de sua carreira. Ele teve de treinar para se tornar um "adepto".

Por isso, pegou um trem e seguiu para a Índia, divorciando-se da primeira esposa. Na Índia, ele praticou um pouco de ioga e, então, recebeu uma espécie de choque espiritual.

Depois, casou-se com uma japonesa chamada Yoko Ono, e se tornou uma pessoa um pouco diferente do que era antes. Tendo passado por uma iniciação oriental, acabou se distanciando dos demais membros da banda. Isso significa, entretanto, que ele foi atraído para sua missão original.

Porém, ele não foi capaz de cumprir sua missão plenamente enquanto estava neste mundo; só conseguiu mostrar uma parte preliminar de seu dever. Mas creio que agora ele está recomeçando espiritualmente o seu trabalho.

Assim, é importante saber que não só Jesus, mas também John Lennon, foi à Índia e teve algum tipo de despertar espiritual lá.

Na China, dizem que Lao-Tsé atravessou a passagem de Hangu, na parte ocidental do país, e desapareceu no deserto. Nunca mais se soube do seu paradeiro. Contudo, acho que Lao-Tsé continuou a seguir para Shambala depois disso. Parece que ainda hoje sua alma vive na região de Shambala como sua morada principal.

Shambala e os despertos 3 – A existência de gurus e adeptos da Ciência como Newton e Einstein

Existem outras pessoas que despertaram espiritualmente em civilizações passadas, que você ainda não conhece. Mas, como esses fatos e o nome das pessoas não foram divulgados, é quase impossível para você conhecê-las diretamente. Mas elas existem.

Podemos citar um nome conhecido de alguém desperto, por exemplo Newton, considerado o pai da ciência moderna. Ele estabeleceu a mecânica newtoniana. Do ponto de vista mundano, Newton foi um burocrata de sucesso. Ele até se tornou o diretor da Casa da Moeda. Ao mesmo tempo, sabe-se que ele era uma espécie de ocultista, e que, na verdade, pesquisava com afinco os fenômenos místicos.

Hoje existe uma organização chamada maçonaria conhecida por ser secreta. Dizem que Newton foi na realidade o "fundador secreto", o "primeiro presidente" ou "Grão-Mestre" da maçonaria.

Publicamente, ele obteve conquistas na Física ao estabelecer a mecânica newtoniana. Ele começou com a pergunta: "Por que as maçãs caem de uma árvore?". Ao responder a essa questão, mostrou a ação da força da gravidade, estabelecendo assim as bases da mecânica e da física clássicas. Ou seja, ele revelou alguns dos segredos de Deus.

Einstein surgiu cerca de 100 anos atrás. Ele concebeu a física moderna, que superou a mecânica newtoniana. Entretanto, mesmo que a física de Einstein tenha sido formulada há cerca de 100 anos, ainda é muito difícil para as pessoas de hoje compreenderem-na totalmente.

Enfim, esses são os gurus ou adeptos da Ciência que também estão presentes em Shambala. Um dos nomes desconhecidos de Newton é "Koot Hoomi". Ele está em Shambala e controla o desenvolvimento da tecnologia científica na Terra e fornece inspirações. Além disso, existem muitos outros grandes mestres que talvez você não conheça, mas eles surgirão quando for necessário.

Esses mestres podem aparecer como espíritos guias se você puder se libertar das amarras físicas e começar a buscar um maior despertar espiritual. No entanto, enquanto a maioria das pessoas for incapaz de superar os benefícios mundanos e as Seis Grandes Tentações, ou achar que é muito inconveniente, ilógico e injusto ter suas ações e sua autorrealização controladas por preceitos, então provavelmente não receberá a chave para abrir o portal para aquele mundo.

Infelizmente, se você tropeçar em um nível tão elementar, será muito difícil entrar nesse "mundo oculto".

Shambala e os despertos 4 –
Hermes e Ophealis fornecem energia a Shambala

Uma parte da alma de El Cantare, Hermes conduzia atividades terrenas como política, economia, militarismo e comércio exterior. Além disso, ele desempenhava outra função, como guia e comunicador, fazendo a ponte entre o submundo e este mundo. Uma parte de Hermes agora fornece energia a Shambala.

Até um tempo atrás, durante a época dos doze deuses do Olimpo, ou quando ainda havia um grande campo magnético espiritual ao redor do Olimpo, Hermes atuava bastante naquela área, mas desde o nascimento de Buda ele passou a frequentar mais Shambala.

Voltando mais no tempo, antes de Hermes, outra parte da alma de El Cantare nasceu no Egito com o nome Ophealis, também chamado de Osíris. Dizem que, após sua morte, ele se tornou o rei do mundo inferior e concedeu rituais secretos do mundo espiritual para quem estava apto, por um longo período no Egito. Com o declínio de Egito, ele também foi para Shambala.

Shambala e os despertos 5 – A convicção de Jesus, que recebeu um despertar espiritual em Shambala

Há muitos outros exemplos. Além do trabalho das igrejas cristãs, que está expandindo no mundo todo atualmente, se você se concentrar nas palavras de Jesus que constam na Bíblia, perceberá que ele tinha uma espiritualidade extremamente sobre-humana.

As palavras de Jesus, que mudaram os valores mundanos em 180°, são exclusivas para aqueles que receberam o despertar espiritual e a iniciação em Shambala;

portanto, acredito que algumas de suas palavras não podem ser totalmente compreendidas apenas pela perspectiva mundana.

Sei que algumas de suas palavras e atitudes parecem bastante excêntricas em termos terrenos, e há muitos cristãos que não o entendem por causa disso.

Por exemplo, a passagem: "Qualquer que disser a este monte: Ergue-te e lança-te no mar, [...] mas crer que acontecerá o que diz, assim lhe será feito". Isso é um pouco difícil de compreender de um ponto de vista mundano.

Porém, no mundo espiritual, se você for o que chamamos de adepto, realmente terá o poder de destruir montanhas no mundo espiritual e até mesmo refazê-las. No mundo espiritual também existem diversos elementos com formas. Há paisagens, edifícios e pessoas morando lá, e os adeptos têm de fato o poder de mudar radicalmente todas essas coisas.

Em termos deste mundo, olhando para o fato de que Jesus preferiu ser colocado na cruz, o que o levou a perder sua vida, algumas pessoas podem pensar que ele tinha uma "inteligência mundana fraca", uma "fraca vontade de viver" ou "pouca sabedoria para sobreviver", mas na verdade isso é uma questão de despertar espiritual.

Para uma pessoa que está 100% convicta da existência da alma e da mente, que é o centro da alma, e 100% confiante no controle da mente, a vida espiritual é praticamente tudo, e este mundo é apenas uma parte adicional.

Tudo isso são aspectos que os discípulos não entendem mais. É aí que os mestres são diferentes.

Shambala e os despertos 6 – Sócrates e Platão tiveram várias experiências no mundo espiritual

Jesus não foi o único que pareceu desdenhar da própria vida neste mundo, com uma atitude aparentemente tola ou ignorante. Houve outras pessoas que perceberam o seu "eu espiritual" no verdadeiro sentido em um nível cotidiano.

Sócrates[31], por exemplo, foi um deles. Ele próprio era médium e ensinava sobre a reencarnação no mundo espiritual. Seus ensinamentos tornaram-se a base da filosofia grega, que continua até hoje, então a ideia da reencarnação deveria ter sido integrada ao Ocidente. No entanto, os estudiosos e filósofos posteriores não entendem de fato o que Sócrates estava dizendo, por isso não confiam nessas coisas.

Sócrates falou sobre a reencarnação no outro mundo, e também ensinou que é possível haver reencarnação entre os mundos espirituais dos animais e dos humanos.

Está escrito, por exemplo, que ele disse algo como: "Aqueles que têm a virtude da 'coragem' neste mundo

---

31 Sócrates (470 a.C.-399 a.C.) foi um filósofo ateniense do período clássico da Grécia antiga, considerado um dos fundadores da filosofia ocidental. (N. do E.)

podem renascer como um leão" ou "Aqueles que têm forte consciência de sua 'inocência' neste mundo e querem expressá-la podem renascer como um cisne". No entanto, algumas pessoas interpretam esses relatos como uma mera metáfora, uma parábola ou uma história antiga.

É uma pena que esses relatos tenham sido considerados uma história antiga e que, do século XX em diante, a filosofia atual tenha caído na lógica simbólica, com parte das escolas filosóficas sendo integrada à matemática.

É uma lástima, e a única coisa que posso dizer é que esse não é o modo de chegar aos segredos da vida. Sócrates e seu aluno Platão também eram médiuns e acumularam experiências do mundo espiritual.

3
Restaurando o "coração de Shambala"

❖◆❖

Sacuda aqueles que deixaram de reconhecer a espiritualidade nos tempos modernos

A era moderna é muito difícil, pois somos influenciados demais pela civilização material e pela educação mundana. Embora Carl Jung[32], por exemplo, tenha sido enviado a este mundo para revelar os segredos do mundo espiritual, a psicologia junguiana acabou se ligando à medicina materialista, e é difícil saber por meio dela se o mundo espiritual realmente existe ou não. Ela tende a interpretar os sonhos como símbolos, assim como o mundo espiritual, e, portanto, considera-se que os psicólogos junguianos não necessariamente acreditam no mundo espiritual.

Há também um equívoco generalizado de que os psicólogos compreendem o cérebro e a mente humana melhor do que os diversos líderes religiosos que acreditam no mundo espiritual, ou seja, hoje parece que os que estão em posição

---
[32] Carl Gustav Jung (1875-1961) foi um psiquiatra e psicoterapeuta suíço que fundou a psicologia analítica. (N.do E.)

inferior estão tomando o lugar dos que estão em posição superior. O sistema acadêmico precisa ser corrigido agora.

Na filosofia moderna, por exemplo, se você ler o que Descartes[33] escreveu, perceberá que ele também era médium. Ele era uma pessoa extremamente espiritualizada, recebia revelações, podia ver espíritos e fazer projeção astral.

Porém, algumas pessoas encaram a filosofia de Descartes superficial e literalmente, considerando suas obras, como o *Discurso sobre o método*, algo muito racional e lógico. Seguindo essa escola de pensamento, veio depois o filósofo alemão Kant[34]. Embora estivesse realmente interessado no mundo espiritual, ele não pôde ter experiências espirituais suficientes e, enquanto vivia na era da Revolução Industrial, interessou-se pela "razão moderna". E o conceito de "razão" tornou-se, em certo sentido, um raciocínio que buscava um "pensamento racional" ou "pensamento lógico" baseado no treinamento do cérebro humano.

Mas isso em si não tem nada a ver com a iluminação espiritual. A iluminação é um conceito que está em um nível mais acima, é metafísica. Em contrapartida, as noções que estão mais abaixo, ou seja, a "matéria física neste mundo, a tecnologia" ou noções lógicas como "o gelo está derretendo devido à mudança climática", "a temperatura da Terra está

---

33 René Descartes (1596-1650) foi um filósofo e matemático francês, considerado um dos pensadores mais importantes e influentes do período moderno. (N. do E.)
34 Immanuel Kant (1724-1804) foi um filósofo alemão, fundador da "Filosofia Crítica". É considerado o principal filósofo da era moderna. (N. do E.)

aumentando" ou "a causa é o aumento das emissões de CO_2", na verdade estão baseadas no racionalismo de Kant. Em resumo, uma vez que "coisas espirituais" ou "coisas do outro mundo" não são levadas em conta, tende-se a considerar que somente o que pode ser explicado neste mundo está correto.

Assim, por exemplo, para obter um doutorado na era atual, você precisa ser racional e lógico. Há uma tendência crescente de não aceitar o que é espiritual ou que vem como inspiração. Thomas Edison[35] viveu movido por inspirações como um inventor ou um gênio único. Se ele tivesse tentado estudar em uma universidade importante para obter um doutorado, com certeza teria se arruinado.

Isso mostra que não são valiosas apenas as coisas que podem ser explicadas de uma forma que todos possam entender no sentido mundano. A estrutura básica de nossa civilização moderna é formada por diversos princípios que podem ser compreendidos e explicados por uma "mente erudita" da sexta dimensão. O problema é que os princípios da sétima dimensão e seguintes não foram totalmente aceitos.

Acredito que, para lidar com esse problema, é muito importante provocar uma sacudida com algo espiritual, como a teosofia, embora esses pensamentos possam ser ridicularizados como "ocultismo" neste mundo.

---

35 Thomas Alva Edison (1847-1931) foi um inventor e empresário americano que criou vários dispositivos importantes, e ficou conhecido como criador da lâmpada incandescente. (N. do E.)

O filósofo Kant, que mencionei anteriormente, tinha alguma fé, mas acho que ele de certa forma enfraqueceu a influência de Deus sobre este mundo. Ele deu mais ênfase para o que a mente humana pode pensar; deixou de lado os assuntos que não se incluíam nas disciplinas acadêmicas e se concentrou nos que podiam ser tratados academicamente e forneceu explicações e reflexões sobre eles. Portanto, ele não negou as coisas espirituais.

Swedenborg[36], um paranormal e médium da mesma época, escreveu sobre suas diversas experiências. Por exemplo, ele viu, por meio de sua visão espiritual, um incêndio ocorrendo em um lugar remoto, em tempo real; viajou para o mundo espiritual em um estado de animação suspensa por alguns dias e relatou suas explorações no mundo espiritual. Ele também escreveu que as pessoas tinham uma espécie de pergaminho ou caderno com anotações acerca de seu destino e teve um vislumbre do destino de algumas delas. Kant lia essas publicações com grande interesse.

Mas ele pensou de forma restrita, achando que não podia se dar ao luxo de abordar experiências que ele mesmo não podia vivenciar, verificar pelo relato de outra pessoa ou reproduzir. Acredito que essa maneira de pensar acabou se tornando uma das limitações das disciplinas acadêmicas da era moderna.

---

36 Emanuel Swedenborg (1688-1772) foi um espiritualista sueco, com destacada atividade como cientista, inventor, místico e filósofo. (N. do E.)

Com relação a esse assunto, eu, Ryuho Okawa, estou tentando agora criar um novo sistema acadêmico apresentando várias maneiras de pensar. Ou seja, estou procurando expandir esse sistema – que só chega até a sexta dimensão – para que alcance o nível da nona dimensão e além.

Proteja Shambala, o centro espiritual da Terra, contra as ameaças da China

O que eu gostaria que você soubesse é que agora existe um lugar para despertar espiritualmente chamado Shambala. Se a ascensão e queda das civilizações ocorrerem de novo na Terra, tornando Shambala um local ineficaz para o aprimoramento espiritual, será necessário criar outro centro espiritual de alcance global. Provavelmente, ninguém está pensando nessa questão, mas ela é importante.

O local chamado "Terra do Florescer do Pessegueiro", citado por Tao Yuanming[37] nos contos antigos da China, é também a entrada para Shambala. Na época, a espiritualidade ainda estava muito viva na China. O confucionismo, o taoismo, o budismo e diversas outras correntes criaram raízes e tinham um significado espiritual, mas a China se tornou agora uma "grande nação sem significado espiritual", e o caminho de Shambala está prestes a ser fechado.

---

37 Tao Yuanming (365 d.C.-427 d.C.), também conhecido como Tao Qian ou T'ao Ch'ien, é um dos maiores poetas chineses. (N. do E.)

O conto narra a história de pessoas que escaparam do domínio opressor de Qin Shi Huang (259 a.C.-210 a.C.), o primeiro imperador chinês da dinastia Qin (221 a.C.-206 a.C.), encontraram uma região inexplorada nas montanhas, mudaram-se para lá e construíram uma utopia por séculos. Por isso, dizem que esse lugar existiu desde a época do imperador Qin Shi Huang até o período dos Três Reinos (220 d.C.-280 d.C.).

Recentemente, surgiu uma deusa no lago Dongting chamada Dongting Hu Niangniang – aqueles que vêm acompanhando minhas publicações já a conhecem[38]. Na verdade, a entrada para a Terra do Florescer do Pessegueiro não ficava muito longe dali. No entanto, acredito que hoje não pode mais ser encontrada.

Hoje, verificamos muitas atividades espirituais destrutivas e, para combatê-las, diversas catástrofes naturais estão ocorrendo. Uma batalha está em andamento agora.

Ver a vasta terra chinesa se tornar um campo magnético espiritual completamente inútil é bastante insuportável, então temos de fazer algo a esse respeito. Além disso, Confúcio, o fundador do confucionismo, também foi aproveitado com más intenções por ter ensinado pouco sobre espiritualidade. Isso se assemelha ao modo como Kant, na era moderna, foi usado para negar o mundo espiritual.

---

38 Ver *Dai Chuuka Teikoku Houkai e no Jokyoku* (em tradução livre, "Prelúdio ao colapso do Grande Império Chinês", Tóquio: IRH Press, 2020).

Originalmente, o confucionismo tinha o conceito de "Céu". Ele ensinava que este mundo deveria ser governado por pessoas que têm valores morais ou que são virtuosas com base nos ensinamentos de Tiandi, o Soberano do Céu. Entretanto, tendo sua parte espiritual eliminada, essa doutrina tem sido usada há muito tempo pelos políticos apenas para "controlar e manter a ordem do mundo" ou para impor "estabilidade". Por isso, Confúcio está agora em uma situação muito difícil, e acredito que o confucionismo está à beira do fim. Portanto, uma religião não pode ser muito mundana em alguns aspectos. Desse modo, você está realizando uma "revolução mundana" e uma "revolução espiritual"; por isso, eu gostaria que você carregasse consigo a "filosofia de Shambala".

Existem muitos mais "mundos secretos"

Comentei antes que "Newton foi o primeiro Grão-Mestre da maçonaria". Mas as raízes da maçonaria são bem mais antigas que Newton, sobretudo na Itália. Durante o Renascimento, também, organizações como a Rosacruz foram muito populares. Nessas circunstâncias é que se originou a maçonaria, e a "filosofia de Hermes" também estava bastante difundida na época. Acredita-se que os princípios ensinados por Hermes Trismegisto – que teria nascido no antigo Egito mais de 3 mil anos antes – estavam sendo pesquisados de várias maneiras. Na verdade, esses princípios se transformaram na alquimia, que levou à química moderna.

A filosofia de Hermes foi passada a Newton e, por meio da maçonaria, influenciou várias pessoas em diversas partes do mundo, inclusive presidentes e primeiros-ministros.

No Japão, Sakamoto Ryoma[39], que atuava ao redor da Glover House, em Nagasaki, também teria sido membro da maçonaria japonesa. Dizem que parte dos fundos para apoiá-lo veio dessa sociedade.

Embora ainda exista, sua influência se enfraqueceu um pouco hoje. Por outro lado, acredito que o poder da religião que atua abertamente se tornou mais forte.

O sistema da Igreja é outra força que existe, mas se ela se tornar mundana e política demais, dizem que forças ocultas como a maçonaria ganharão poder e sua rede secreta crescerá.

Eu gostaria que você soubesse que ainda há muitos "mundos secretos" como esses, e nem todos os segredos foram revelados.

Neste capítulo, abordei o tema "O coração da Terra" para criar um capítulo para *As Leis de Messias*, que também significa "O coração de Shambala". Eu gostaria de ensinar conceitos mais avançados de acordo com o progresso de sua iluminação.

---

[39] Sakamoto Ryoma (1836-1867) foi um samurai muito amado no Japão, que se tornou líder do movimento para derrubar o xogunato Tokugawa durante o período Bakumatsu, no Japão. (N. do E.)

CAPÍTULO CINCO

O amor de Messias

*Como deve ser o amor na Terra,
local de aprimoramento da alma*

1

Por que existe um Messias, com base no "mecanismo deste mundo"

Mesmo as grandes almas começam do zero neste mundo

O tema deste capítulo é muito incomum e difícil. Trata-se de "O amor de Messias", então, não sei o quanto conseguirei transmitir sobre este assunto. Mas eu gostaria de explicar o máximo que a linguagem humana me permitir.

A razão pela qual os Messias existem está relacionada com a maneira como o mundo funciona.

Antes de nascerem neste mundo, os seres humanos vivem no outro mundo – chamado de Mundo Real – como um espírito ou alma. Algumas pessoas renascem em poucos anos ou décadas, mas o ciclo reencarnatório normal ocorre geralmente uma vez a cada centenas de anos. No caso daqueles que vêm para realizar um grande trabalho, eles podem nascer somente uma vez a cada mil, 2 mil ou 3 mil anos.

Na verdade, o mundo espiritual, que está distante deste mundo, é o Mundo Real. Mas antes de reencarnarmos, todos nós fazemos uma promessa. Quando nascemos, recebemos um corpo físico de nossos pais. Mesmo que haja alguma diferença de peso entre os bebês – alguns nascem com 3 quilos, outros com 4 –, nossa alma passa a habitar um corpo minúsculo. Nessa hora, devemos obedecer à regra em vigor na Terra: esquecer temporariamente as vidas passadas.

Se não fosse assim, haveria pessoas que diriam: "Na minha vida anterior, nasci numa aldeia vizinha; fui fulano de tal e meu pai e minha mãe na época eram assim e esses eram os nomes deles; eu morri dessa doença quando tinha 'x' anos, por isso renasci". Embora sejam raros, há relatos de casos como esses na Índia e em vários outros lugares.

Manter as lembranças de uma vida passada poderia parecer uma bênção, mas também pode ser algo prejudicial. Digamos, por exemplo, que você renasceu neste mundo e que seus pais de sua vida anterior ainda estejam vivos. Você ficaria inseguro por não saber quem seriam seus verdadeiros pais e sua identidade não estaria muito clara. Então, a fim de aumentar os aprendizados neste mundo, foi estabelecido que: "Ao nascer, cada pessoa se esquece de tudo e retorna à estaca zero".

É por essa razão que todos nascem como bebês, sem nenhuma ideia do que vai acontecer. Depois de viver por algumas décadas, cada pessoa finalmente passa a saber quem é e entende o que deve fazer. Essa é a experiência que acumulamos. Nesse sentido, também está previsto que você cometa erros ao longo do caminho.

Você pode pensar: "Se uma pessoa obtêve um grande sucesso em uma encarnação passada e nasceu com essa sabedoria adquirida, então com certeza cometerá poucos erros nesta encarnação". Porém, esquecemos tudo isso ao nascer; recomeçamos do zero e custamos a chegar ao ponto de dizer as primeiras palavras por volta de 1 ano de idade, suportando um longo período em que nem mesmo conseguimos dizer "papai" e "mamãe".

Algumas crianças começam a engatinhar rapidamente, outras não. Algumas demoram mais do que outras para ficar de pé e andar sozinhas. Antes de ingressar na escola primária, há crianças que têm dificuldades para estudar ou obedecer. As crianças crescem de maneiras diferentes nas mais variadas circunstâncias.

De qualquer modo, uma das características dos tempos modernos é que nunca se sabe que tipo de alma vai nascer e em que lugar. Além disso, o sistema de classes sociais está desmoronando e se tornando cada vez menos comum em todo o mundo; isso significa que grandes almas também podem fazer testes e nascer em lugares diversos, começando seu esforço do zero. Ao contrário do passado, hoje as possibilidades são muito mais amplas; é possível ter qualquer tipo de profissão e, dependendo de como a pessoa estuda, ir para diferentes escolas, ingressar em qualquer tipo de empresa e fazer muitas outras coisas.

Por outro lado, isso não significa que o sistema de classes sociais deixa de ter sua razão de ser. Por exemplo, se uma alma quer nascer neste mundo para trabalhar em determinada profissão, ela pode herdá-la mais facilmente escolhendo nascer de pais que já têm essa ocupação. Um exemplo típico é nascer em uma família de políticos para se tornar um político de segunda ou terceira geração. O número de famílias desse tipo não é grande, mas, se você nasce dentro dela, tem uma boa chance de se tornar um político. Do mesmo modo, a cultura familiar ou doméstica também pode tornar mais fácil assumir determinada profissão. No entanto, há pessoas que não conseguem, mesmo com todas essas vantagens.

No Japão, até por volta do período Edo (1603-1868), se um indivíduo nascesse como filho de um médico, ele poderia assumir automaticamente a profissão do pai. Mas hoje, não importa se nasceu como filho de pai fazendeiro, lojista ou assalariado; ele pode se tornar médico se estudar, entrar na faculdade de medicina e passar no exame nacional.

Por outro lado, se o pai ou a mãe cometeu algum crime ou teve fracassos que prejudicaram outras pessoas, pode ser que os filhos prefiram mudar de rumo e trabalhar em uma profissão completamente diferente daquela exercida pelos pais, como entrar para a força policial para cumprir a lei, tornar-se juiz, promotor ou advogado, ou médico ou enfermeiro para ajudar outras pessoas. Portanto, mesmo que você tenha problemas em casa, não significa necessariamente que as coisas vão sempre dar errado; algumas pessoas almejam uma vida contrária à que possuem, e essa opção está aberta de fato para elas.

Como a pobreza pode mudar com o tempo ou ser diferente de uma região para outra

O mundo de hoje se tornou um lugar tão prático que causaria muita inveja nas pessoas que viveram em outras épocas. Por isso, muitas almas desejam nascer na era atual para ganhar experiência e descobrir como o mundo mudou.

No entanto, a conveniência deste mundo também é uma condição que leva a esquecer que o outro mundo é o Mundo Real e o nosso verdadeiro lar. Essa é a parte mais difícil.

Mendigos e crianças descalças na Índia implorando por dinheiro há vinte anos

Em épocas com longos períodos de miséria, a sobrevivência era tão difícil que as pessoas recorriam até a mendigar para ter o que comer. Hoje, a Índia é um pouco mais rica, mas quando viajei para o país pela primeira vez e visitei o Sarnath – conhecido como Parque dos Cervos, o local onde Buda deu seu primeiro sermão a seus primeiros cinco discípulos após atingir a iluminação – encontrei crianças que não tinham uma mão ou uma perna, avançando ou rastejando em minha direção para pedir dinheiro.

Perguntei ao guia se as crianças eram deficientes desde o nascimento, e ele me respondeu: "Não. Os pais cortam uma mão ou um pé por amor aos filhos, para lhes dar um meio de sustento. Com uma deficiência óbvia dessas, as pessoas sentem pena quando as veem, concluem que elas não podem trabalhar e lhes dão dinheiro. Esse é um dos motivos de haver crianças assim". Fiquei bastante surpreso, pois não sabia da existência desse tipo de amor. Então, há lugares em que a ideia é deixá-las mutiladas para que passem a viver da caridade dos outros.

Creio que as coisas estão um pouco diferentes agora, mas quando visitei a Índia pela primeira vez, cerca de trinta anos atrás, os filhos de agricultores andavam descalços enquanto trabalhavam nos campos e nas plantações. Uma estrada recém-asfaltada passava perto dali, e avistei uma menina andando descalça sobre aquele asfalto ainda quente e pegajoso, e isso me fez pensar que aquelas pessoas não tinham nem condições de usar sandálias.

Na maioria das vezes, a razão para ter filhos é que, se for uma família de agricultores, por exemplo, as crianças podem ajudar como mão de obra. Os pais as consideram como uma força de trabalho disponível quando as crianças estão em idade escolar primária ou secundária; quanto mais filhos têm, mais ajudantes de campo possuem. Por esse motivo, ouvi dizer que em alguns casos metade das crianças não pode ir à escola. Não sei se ainda hoje continua assim, mas espero que a situação tenha melhorado um pouco.

Enfim, houve épocas em que tudo exigia muito esforço, desde nascer neste mundo até constituir uma família. Entretanto, à medida que a sociedade progredia, entramos numa era de abundância alimentar. Nos países desenvolvidos, cerca de 10% a 20% dos alimentos provavelmente são jogados fora.

As estimativas dizem também que, se coletássemos todo o alimento descartado ao redor do mundo, com esse volume seria possível alimentar todos os 800 milhões a 1 bilhão de pessoas famintas no mundo. Enquanto de um lado os alimentos são jogados fora, de outro há pessoas morrendo por falta de comida.

Existem também muitas regiões pobres no mundo onde se pratica uma economia primitiva, baseada em roubar, assaltar e matar como forma de obter as coisas, ou mulheres vendendo seu corpo para ganhar dinheiro, uma prática que existe desde antigamente. Claro, isso também pode ser visto em países desenvolvidos.

No Japão, os moradores de rua leem jornais

O Japão hoje está passando por muitas catástrofes naturais e também sofrendo com a pandemia do novo coronavírus. Mas, mesmo assim, até onde sei, é muito raro ver alguém mendigando no país.

Uma cena de pobreza que vi não foi recente, mas algum tempo atrás. Em frente à entrada do Jardim Nacional de Shinjuku Gyoen havia duas ou três pessoas acampadas, dormindo sobre caixas de papelão. Não se sabe se elas viviam assim porque eram realmente pobres ou se faziam aquilo por diversão, para experimentar o estilo de vida hippie.

E, ainda naquela época, havia casos de moradores de rua que sofriam de diabetes ou que moravam embaixo de viadutos e liam jornais, o que surpreendia outros países desenvolvidos. Como a educação até o Ensino Fundamental II é obrigatória no Japão, a taxa de alfabetização é alta; então, todo o mundo consegue ler. Mas ainda existem muitos países onde a maior parte da população é analfabeta. Sem uma educação adequada, é difícil uma pessoa ser capaz de ler um jornal.

Basicamente, no Japão, até mesmo os mendigos podem obter sobras. Por exemplo, eles podem conseguir comida em lojas de conveniência cujos produtos já passaram do prazo de comercialização e estão para ser descartados, ou pedir restos em restaurantes. E, se eles têm instrução suficiente para ler jornais, têm capacidade para conseguir um trabalho em outro lugar. De fato, algumas pessoas fazem isso.

Embora ainda exista um certo percentual de desempregados, eles podem contar com a assistência social do governo, poupanças e diversos tipos de ajuda voluntária, portanto, não chegam a passar por tanta necessidade. Em certo sentido, esta talvez seja uma evolução da sociedade.

• O amor de Messias •

Este mundo é um local de aprimoramento da alma, e a vida é um caderno de exercícios

Costumo criticar o comunismo com certa frequência, mas, apesar das críticas, nos últimos cem anos ele se espalhou para um certo número de pessoas. Mesmo aqueles que estão no lado oposto – os defensores do liberalismo – tiveram de adotar as políticas dos seus rivais para não se arriscarem a perder votos, isto é, políticas de bem-estar social.

Embora os liberais não possam se apropriar do patrimônio de todas as pessoas e torná-lo um bem comum e igualitário, o que funciona para eles como alternativa ao comunismo é tentar nivelar a disparidade de renda que surge de indivíduos que trabalham duro e se tornam ricos. Eles estão tirando dinheiro daqueles que ganham muito e de quem tem um grande patrimônio utilizando diversos meios, como impostos, e distribuindo para aqueles que têm dificuldade de ganhar a vida para, assim, equilibrar a sociedade. Isso já é feito nos países avançados, portanto, sinto que as políticas de ambas as ideologias estão caminhando em uma direção semelhante.

Entretanto, a exatidão das informações depende das circunstâncias de cada país. Em nações sob uma ditadura militar, o objetivo principal tende a ser o próprio ato de governar. Nesses locais, não se permite que as pessoas prosperem por meio da atividade econômica livre, o que pode resultar na expansão da pobreza e na proliferação de doenças.

Mas o que devo dizer aqui é que, como comentei antes, este mundo é apenas um local de aprimoramento da alma; não importa se você é pobre ou rico, se tem poder ou não: este mundo foi preparado como um lugar para o treinamento da sua alma. E você recebe um caderno de exercícios, para ver como viverá nessas circunstâncias.

Aqueles que nascem em tempos de paz podem desfrutar de uma felicidade gratificante. Aqueles que nascem em meio a uma guerra podem estar lutando desesperadamente por sua vida ou tentando sobreviver da melhor maneira que puderem, gostem disso ou não, em meio ao fogo cruzado de balas e sons de tiroteio.

Além disso, daqui para a frente, as guerras poderão adotar estratégias não para matar pessoas específicas, mas para acabar com cidades inteiras em um instante usando armas nucleares, bombas e mísseis. Assim, alguns só irão perceber tardiamente que seu tempo na Terra chegou ao fim quando já não tiverem mais vida. À medida que os tempos mudam, o modo de vida na Terra pode variar.

2
O que não devemos perder de vista na vida na experiência da alma

Pessoas egocêntricas e possessivas podem se tornar "inferiores aos animais"

Por meio de diferentes civilizações e culturas, por meio da guerra, dos períodos de paz ou das épocas intermediárias, a alma ganha todos os tipos de experiência. O que eu desejo é que você aprenda a explorar de que maneira deve viver como um ser humano com uma alma, seja qual for o ambiente.

Isso significa que você nunca deve perder de vista a sua espiritualidade, nem a sua identidade como um ser de caráter espiritual.

Esses aspectos podem ser facilmente perdidos, sobretudo numa situação de prosperidade. Você pode perder isso de vista quando tem muito dinheiro, é rico ou detém um grande poder.

Por outro lado, a pobreza também pode fazer com que você caia em um tipo de materialismo no qual as coisas materiais passam a ser tudo o que importa.

Quando se vive em um nível mínimo, as pessoas ficam satisfeitas só de poderem comer, então seu modo de vida se torna animalesco, pois dia após dia a única preocupação delas é obter alimento. Os animais se concentram na comida e também em fugir ou se proteger para não serem devorados. A pior coisa para eles é se tornarem comida de outros animais ou serem mortos, e contentam-se apenas em comer. Esse nível de satisfação é corriqueiro no mundo animal.

Nessas circunstâncias, eles usam diferentes recursos. Algumas espécies desenvolveram o que poderia ser considerado uma arma: presas, chifres ou espinhos (como os do porco-espinho). Outras podem mergulhar na água, voar pelo céu ou se locomover rapidamente no solo. Cada animal recebeu alguma característica que lhes permite se proteger e sobreviver.

Os seres humanos também precisam fazer algo mais: não somente precisam ter como base a sobrevivência neste mundo, o nível mínimo para se viver, como também é importante ver o quão longe eles podem ir além do modo animal de sobrevivência.

Eu disse "modo animal de sobrevivência", mas muitas vezes eu prego ensinamentos que dizem: "Não seja egocêntrico, não seja egoísta". A razão disso é porque tanto os animais como os seres humanos podem ser egocêntricos ou egoístas naturalmente. Quando você nasce e é criado neste mundo, esse comportamento é inevitável. Você quer assegurar sua comida; rejeita a ideia de perder a vida; em vez de morrer, você prefere que outros morram em seu lugar; se há comida só para uma pessoa onde há duas pessoas, você vai querer garanti-la para si; também possui desejos diversos, como ter uma casa, uma profissão, entre muitas outras coisas. Essas atitudes são naturais, e você está fadado a se comportar assim por causa de seus instintos. Isso ocorre também como uma extensão de sua natureza animal.

Algumas vezes, no entanto, o ser humano pode acabar se tornando "inferior a um animal".

No caso dos animais carnívoros, quando seu estômago fica cheio, eles param de comer. Quando caçam, os leões perseguem e atacam grupos de antílopes e zebras e os devoram, mas, assim que ficam satisfeitos, não caçam mais. Então, mesmo que um herbívoro passe correndo bem próximo a um leão descansando no solo após sua refeição, nada acontecerá. As presas sabem disso. Provavelmente, um leão pode ficar sem comer por cerca de quatro dias depois de ter se alimentado. Mas os seres humanos não ficam satisfeitos, e às vezes seus "desejos" tendem a crescer. Eles querem armazenar alimentos para o futuro ou obter mais daquilo que pode garantir os alimentos, como dinheiro e outras fontes de riqueza. Se houver apenas um número limitado de recursos, ficam com vontade de monopolizá-los ou controlá-los apenas para seus familiares.

Por exemplo, se um indivíduo é proprietário de uma loja, pode desejar ter mais clientes somente para si, mesmo que isso signifique que outras lojas acabem fechando. Ou então, se ele funda uma empresa, o objetivo do negócio será crescer cada vez mais. Porém, ele pode querer expandi-la até se tornar um grande empreendimento, mesmo que isso leve os concorrentes à falência. Há inclusive casos de companhias que simulam uma escassez deliberada de certos produtos para aumentar o preço e obter grandes lucros.

Os problemas da educação superior na era moderna para a escolha da profissão

Na era moderna, uma profissão popular no Japão é aquela que lida com empresas de capital estrangeiro. Em vez de trabalhar do modo convencional, fabricando e vendendo produtos ou sendo remuneradas pela prestação de um serviço, muitas pessoas que estudaram no exterior e aprenderam a gestão e o *know-how* financeiros passam a atuar na fusão e aquisição de empresas: compram empresas enfraquecidas por uma bagatela, reestruturam-nas demitindo funcionários para aumentar o preço das ações e, quando o valor da empresa tiver aumentado depois de um ano, elas vendem-na para obter lucro. Parece que atualmente aqueles que são considerados inteligentes estão migrando para esta área.

É por isso que dizem que a preferência de profissões nos vestibulares japoneses mudou em relação ao passado. Por exemplo, antigamente as pessoas achavam que, se você se formasse na Faculdade de Direito da Universidade de Tóquio e se tornasse um funcionário do governo, conseguiria subir na carreira; estava no caminho certo. Por isso, essa faculdade era popular. Mas, hoje, o curso de Economia é mais procurado, pois dizem que, se você fizer essa faculdade e trabalhar numa empresa estrangeira, terá uma renda maior. Mesmo assim, há pessoas que a cursam não para ganhar dinheiro com negócios, mas trabalhando com números virtuais e lucrando com a oscilação deles. Muitas pessoas inteligentes estão preferindo esse tipo de trabalho.

Ganhar dinheiro por meio da matemática parece ser muito mais avançado do que o sistema de trocas que os homens primitivos costumavam usar, mas sinto que há algo não muito celestial nesse tipo de trabalho.

Algumas pessoas fundam empresas, trabalham durante décadas nela e contribuem para a sociedade. Elas têm o propósito de enriquecer a sociedade ou tornar o mundo um lugar mais conveniente, oferecendo produtos ou serviços para melhorar ou facilitar o cotidiano das pessoas. Entretanto, quando ouço que as pessoas inteligentes estão se afastando desse propósito, pensando em trabalhar apenas para obter lucro, fico preocupado com o futuro.

Também há pessoas que optam por cursar Medicina só porque são inteligentes. As universidades japonesas têm cada uma cerca de cem vagas disponíveis para o curso de Medicina; então, se você contar o número total de vagas no país, provavelmente não chegará a 10 mil. Penso que essa restrição é válida para proteger a profissão de médico, mas imagino que muitas pessoas escolham fazer

Medicina porque são espertas, mesmo quando não têm aptidão para essa área.

Algumas pessoas têm vontade de salvar vidas ou curar os doentes porque alguém de sua família morreu de uma doença ou num acidente ou lutou muito para se recuperar de um ferimento, mas perceberam que levar o enfermo para um hospital salvou-o ou fez uma grande diferença. Ou, então, elas próprias receberam tratamentos em um hospital e melhoraram. Essas pessoas que desejam ajudar os outros têm um coração misericordioso como o de um *bodhisattva*[40]. No entanto, quando um indivíduo escolhe fazer Medicina só porque é difícil entrar nesse curso devido à alta concorrência ou quer provar o quanto é inteligente, talvez ele não seja muito diferente daqueles que só querem lucrar comprando e vendendo empresas.

Quem opta por seguir uma profissão simplesmente com base nos aspectos mundanos, como o salário ou o nível de dificuldade, pode estar indo em uma direção que não é sua missão original.

Com grande frequência, penso sobre o que é "ser inteligente". Se as pessoas cada vez mais começarem a achar que "ser inteligente" significa ser semelhante à inteligência artificial (IA), então os seres humanos podem realmente acabar se tornando uma espécie de máquina. O trabalho feito por mãos humanas gera muitas falhas; esses erros humanos

---

[40] Seres do budismo equiparados aos Anjos do cristianismo. (N. do T.)

diminuem quando o trabalho passa a ser realizado por máquinas precisas, mas isso pode levar as pessoas a considerarem as máquinas mais valiosas do que os seres humanos.

Quando isso se tornar realidade, ou seja, as máquinas realizando tarefas mundanas, isso poderá ser útil e preciso, mas sinto que levaria as pessoas a perder de vista seu verdadeiro coração. Quando os seres humanos começarem a se assemelhar a uma IA ou a uma parte acessória de um computador, creio que muitos irão esquecer gradualmente o próprio coração.

Ao conversar com indivíduos altamente instruídos, podemos perceber que eles têm tanto conhecimento ou *know-how* especializado que alguns se parecem realmente com máquinas. Isso me faz pensar: "Para onde foi o seu coração?".

O sistema educacional japonês de hoje abandonou o coração e não ensina mais sobre ele. Mesmo os outros países que têm fé ou possuem uma religião nacional passam mais tempo ensinando conhecimentos mundanos ou assuntos técnicos em sua educação superior do que ensinando sobre o coração.

Um filme americano famoso baseado numa história real mostrou uma situação desse tipo. Para que os alunos pudessem assistir à sua aula de filosofia, um professor exigiu que eles escrevessem num papel: "Deus está morto". O aluno que não cumprisse a ordem não poderia frequentar o curso.

Um dos argumentos do professor era que, se os estudantes não negassem a existência de Deus desde o início, não entenderiam sua aula de filosofia. Mas um dos alunos que possuía uma crença demonstrou resistência e disse: "Eu não vou escrever isso". Então, o professor o ameaçou: "Se você desistir dessas aulas e perder os créditos, isso afetará suas notas e também suas chances de conseguir um bom emprego". Além disso, na época o rapaz havia perdido sua namorada e outros fatos tinham ocorrido. Sua fé estava sendo colocada à prova.

Infelizmente, em comparação com os primeiros conceitos formulados por Sócrates e Platão, muitas filosofias de hoje passaram a negar a vida após a morte e se tornaram algo realmente mundano. As atuais seguem uma abordagem utilitária, empenhadas em buscar respostas para perguntas como: "Se houvesse uma máquina ou um computador altamente desenvolvido, que resposta ele daria se você lhe fornecesse dados em determinado cenário?".

Teste da alma: o que você escolheria?

Situação 1 – Quem você salvaria: seu amigo ou cinco desconhecidos?

Certa vez, assisti na tevê às aulas de filosofia de Michael Sandel, um famoso professor de Harvard. Ele apresentou o seguinte caso: "Um trem está percorrendo uma ferrovia, porém logo adiante os trilhos se bifurcam. Você precisa escolher para qual lado deve conduzi-lo. Em pé sobre os trilhos, no lado direito está um de seus melhores amigos; no esquerdo, estão cinco desconhecidos. O trem não pode ser parado de repente. Que lado você escolheria nessa situação?". É uma pergunta ardilosa.

Os alunos ficaram divididos em suas respostas. Alguns disseram: "Desconhecidos não importam", e optaram por deixar o trem passar por cima dos cinco, porque não queriam atropelar o melhor amigo. Outros argumentaram: "As vidas humanas têm valor igual, então, escolher entre uma pessoa e cinco, é melhor que só uma morra".

Na verdade, esta é uma pergunta capciosa, mas eles faziam diversas experiências desse tipo.

Situação 2 – Qual das duas pessoas se afogando você salvaria?

Outra situação seria a seguinte: "Você está remando em seu barco e vê duas pessoas se afogando num lago. Uma delas seria um parente ou um amigo; poderia ser sua mãe, por exemplo. A outra seria um estranho, como o primeiro-ministro. Quem você salvaria?

Do ponto de vista público, talvez você ache que o primeiro-ministro realiza um trabalho mais importante, por isso deve salvá-lo. Mas você poderia pensar também: "Como eu me sentiria se deixasse minha mãe morrer, aquela que me criou? Será que não vou me arrepender disso pelo resto da vida? Se o primeiro-ministro morrer afogado, não apareceria outra pessoa que pudesse substituí-lo?".

A decisão fica a critério da pessoa que estiver enfrentando a situação, mas esses conflitos internos que ocorrem no momento de fazer uma escolha tornam-se ferramentas para moldar seu coração.

Situação 3 – Você salva quem mais precisa ou a pessoa de quem você é mais próximo?

No filme *Bokutachi ga ita* ("Estávamos lá", em tradução livre), produzido pelo diretor Takahiro Miki, há uma conversa semelhante a respeito de um dilema: "Se duas mulheres estão se afogando, você salvaria aquela que não tem força suficiente para se salvar ou a outra, de quem você é próximo e que é importante na sua vida?"

Quando perguntaram a um dos protagonistas por que ele escolheu a primeira, ele respondeu: "Ela estava se afogando e não ia conseguir se salvar; precisava de alguém, então era ela que eu precisava salvar". Ele fez essa escolha em detrimento da outra moça, que esperava por ele havia muito tempo. Então, o outro respondeu: "Mas a que estava esperando por você há cinco anos também estava se afogando!".

O filme continha diálogos interessantes de histórias da juventude. De qualquer modo, não é tão fácil saber se uma pessoa está se afogando ou não.

Existem muitas e muitas encruzilhadas na vida nas quais você tem de escolher o que descartar e o que agarrar; do que deve desistir e qual caminho seguir. Em várias situações você pensará: "Se eu tivesse tomado aquela decisão seria diferente".

Quando fazemos uma escolha, na maioria das vezes precisamos abrir mão da outra possibilidade. É uma coisa difícil de fazer, mas, apesar da dor, esse é um "teste da alma" que é diferente dos testes escolares.

Situação 4 – Valores conflitantes entre fé e família

Digamos, por exemplo, que você finalmente encontrou a fé da Happy Science e decidiu segui-la porque sente que seus ensinamentos são corretos. Mas esta é uma religião que talvez seus pais não conheçam, pois ela não existia quando eles eram jovens. Então, eles podem lhe dizer: "Muitos grupos religiosos novos são suspeitos, é melhor você não se envolver".

No caso de um estudante que vem do interior para a cidade, os pais podem ameaçá-lo dizendo que vão parar de enviar dinheiro se ele se envolver com determinada religião. Se os pais não gostam de religião de uma maneira geral, eles podem até querer romper relações com o filho e deserdá-lo. Eu acredito que existem pessoas que já passaram por isso.

Há também situações em que um casal não tinha uma crença religiosa no início do casamento, mas depois um deles passou a ter fé em alguma doutrina. Se o outro cônjuge é materialista ou rejeita a religião, pode protestar dizendo: "Isso não estava combinado. As circunstâncias mudaram". Mesmo que nada tenha mudado em seu trabalho ou em seu relacionamento conjugal, o outro pode se opor porque os "sentimentos íntimos" de um dos dois estão diferentes, exigindo que o cônjuge desista de sua fé.

Se uma pessoa se torna tão devota à religião a ponto de negligenciar a família, no Japão este pode ser na verdade um dos motivos legais para fazer um pedido de divórcio e levar o caso ao tribunal de família.

Por outro lado, a Constituição japonesa permite a "liberdade de religião". Mas há casos em que um fiel se tornou muito dedicado às atividades religiosas e acabou abandonando a esposa – ou o marido – e os filhos. Assim, esta é uma batalha de valores muito difícil.

Quanto mais passional a pessoa se sentir a respeito de sua fé, com mais frieza aqueles ao seu redor poderão tratá-la. Eles podem chamar sua atenção dizendo coisas como: "Você está cometendo um erro, vai arruinar sua vida" não necessariamente porque são maus, mas às vezes porque realmente se importam. Então, essa é uma questão complicada.

3

A batalha entre o senso comum deste mundo e a fé

As palavras de Jesus exigiam escolher a fé no lugar do senso comum

Quando nos referimos ao cristianismo por meio das palavras de Jesus, observamos que se trata de uma religião que prega o amor e a paz, mas houve momentos em que Jesus disse algo diferente como: "Não pensem que vim trazer paz à terra. Pois vim para fazer com que a mulher fique contra o marido, pais contra os filhos, família contra família, até causando confrontos. Assim, vim para lançar a espada". Isso foi o que ele disse certa vez.

Claro, cada caso é um caso, e não significa que isso se aplique a tudo, mas com certeza haverá momentos em que a família ficará dividida por causa da fé.

Mesmo que a família toda esteja unida por uma fé compartilhada, se outros parentes estiverem praticando uma fé diferente pode haver uma "guerra religiosa", fazendo com que o relacionamento entre eles não seja mais possível.

Além disso, pode ser que um dos familiares desista da fé comum. Não sendo mais capaz de conviver com os demais membros, essa pessoa talvez acabe se mudando para outra casa ou pode haver até um divórcio.

Embora Jesus Cristo tenha vindo para ensinar o amor e a paz, algumas pessoas são capazes de enxergar a Verdade que ele prega, outras não.

Neste mundo, há aquelas que acham que enxergam as coisas, quando, na realidade, são cegas à Verdade; há também as que parecem ser cegas, que parecem não entender o senso comum deste mundo, os costumes da sociedade e as boas intenções dos outros, mas que de fato enxergam a Verdade espiritual.

Existem situações como esta, então você pode ficar em uma posição difícil.

Quanto mais você tentar ser uma pessoa comum, seja na sua profissão, seja na família, e conseguir manter sua fé no nível do reino da quinta dimensão[41] – o Reino dos Bondosos –, uma fé na qual basta ser uma pessoa decente, uma pessoa boa, com bons relacionamentos, então creio que será possível para você embainhar sua espada e fazer concessões ao longo da vida.

---

41 O outro mundo, que é o mundo espiritual, está dividido em várias dimensões, que vão da quarta até a nona dimensão no âmbito da Terra. Quanto mais elevada a dimensão onde um ser espiritual reside, mais iluminado ele é. Para mais informações ver *As Leis da Eternidade* (São Paulo: Editora Cultrix, 2007). (N. do T.)

Entretanto, se você tem uma sensação muito intensa de que possui uma missão a cumprir, talvez não fique satisfeito em fazer concessões, e será difícil alguém impedir sua vontade.

Pessoas desse tipo descartam muitas coisas para escolher o caminho que leva à manifestação da Verdade. Se você acha que este é o seu caso, pergunte a si mesmo se é alguém com essa consciência. Uma hora você poderá ser colocado à prova para ver se é capaz de superar dificuldades como essas quando tiver de enfrentá-las. Infelizmente, algumas pessoas irão desistir; outras farão concessões.

Por exemplo, nossa organização fundou uma escola chamada Happy Science Academy, que possui duas unidades: a sede, em Nasu, e uma filial em Kansai. Parte dos estudantes que se graduam nessa escola ingressam na Happy Science University (HSU), também construída pela nossa instituição, mas muitos desses jovens vão para outras universidades regulares.

Porém, desses últimos, infelizmente muitos perdem a fé ou ficam inseguros ao irem para outras universidades, sobretudo aqueles que escolhem as consideradas mais difíceis e concorridas.

Isso ocorre porque o número de pessoas que ainda não tem fé é muito maior. Considerando-se uma proporção de 100 para 1 ou de 50 para 1, isso significa que se uma só pessoa acredita na Happy Science, mas as outras 49 não, se esse único membro agir com entusiasmo e sinceridade de acordo com a sua fé, pode sofrer rejeição dos outros, ficar isolado e não suportar tanta angústia.

Digamos que esse membro é uma mulher e em determinado momento surge um homem que se aproxima com pena dela ao vê-la ser discriminada pelo grupo. Ele se torna seu amigo e depois seu namorado. Mesmo que ele seja ateu, materialista ou alguém muito ligado às coisas terrenas, se a mulher sentir que de alguma forma foi salva por ele daquela situação desagradável, poderá dar prioridade ao namoro e preferirá abandonar a fé. Isso realmente acontece e, na verdade, é bastante comum.

Seja como for, trata-se de uma questão de porcentagem. Se muitas pessoas ao seu redor tiverem fé, você estará protegido e poderá ficar despreocupado. Mas, se for a um lugar onde as pessoas não têm nenhuma crença, você pode ser forçado a esconder sua fé e agir como um cristão não assumido. Ou talvez tenha de revelá-la aos poucos, enquanto demonstra certa compreensão pelos valores comuns, relacionando-se com habilidade, mantendo certa distância.

Se você for uma pessoa cuidadosa, conseguirá se socializar dessa forma. Caso contrário, dependendo do seu comportamento, poderá destoar dos demais.

Os esforços do Buda Shakyamuni para construir credibilidade social, mesmo entrando em choque com os valores mundanos

Hoje você não seria rejeitado ao se candidatar a um emprego por ser membro da Happy Science.

Quando trabalhei em uma empresa, já estive envolvido com a seleção de novos funcionários. Nas entrevistas para contratar recém-formados, eu averiguava diversos atributos, como as notas escolares e o caráter do candidato. Além disso, eu solicitava uma análise dos estudantes entrevistados por meio de agências de pesquisa de credibilidade.

Uma entrevista geralmente se prolonga por cerca de três dias, que costuma ser o tempo necessário para receber um retorno da agência. Eu lhes perguntava sobre determinado estudante que estava se candidatando a uma vaga na empresa, e eles forneciam todo tipo de informação, até mesmo sobre seu círculo de amigos na escola.

Mesmo que o candidato fosse uma boa pessoa, ele poderia ter um amigo problemático. Ele seria classificado como A, B, C, D, E ou F, de acordo com o risco que representasse para a empresa. Se a avaliação fosse A, B ou C não teria problema, mas com D, E ou F, era um sinal de perigo.

Se você tem um amigo que pode representar um problema, isso é levado em conta. Por exemplo, se seu melhor amigo está participando de movimentos revolucionários de esquerda, então a agência relata que existe o risco de você ser influenciado por ele e levar um movimento desse tipo para dentro da empresa. A agência era impressionante no nível de detalhes de sua pesquisa, mostrando até de quais círculos o estudante fazia parte.

Do mesmo modo, a agência também investiga a crença religiosa da pessoa. Como eu fazia contratações na empresa, é claro que a Happy Science ainda não existia. Naquela época, eles conseguiam até mesmo saber se o estudante era um seguidor da Soka Gakkai.

Se a empresa admitia uma pessoa sem conhecê-la bem, realizava a pesquisa depois que ela já fazia parte do quadro de funcionários. Na época, a Soka Gakkai tinha um templo sede, o Taiseki-ji. A seita estabeleceu um dia do ano para que seus membros fizessem uma visita ao Taiseki-ji.

Na empresa, quem tinha de faltar ao trabalho recebia uma marca no calendário, e quando uma pessoa faltava na mesma época todos os anos, isso demonstrava que ela era da Soka Gakkai, e ela era marcada com um "S". Examinávamos até esse nível de detalhe. Assim, dependendo da empresa, algumas não contratam seguidores de certas religiões.

No caso da Happy Science, em sua fase bem inicial, por volta de 1990, o "Grupo de Estudos sobre as Obras de Ryuho Okawa" foi criado na Universidade de Tóquio. Foi nessa época que dei minha palestra intitulada *Reimei no jidai* ("A Era do Alvorecer")⁴². Com certeza os nomes dos principais participantes do grupo já eram de conhecimento público; mesmo assim, parece que eles não tiveram problema em conseguir emprego em bancos ou escritórios governamentais, então eu sabia que nós tínhamos conquistado certa credibilidade desde uma fase relativamente precoce.

Percebi que vale a pena construir uma relação de confiança com a sociedade, pois isso faz com que não haja nenhum impedimento na hora que a pessoa busca um emprego.

Mesmo assim, acredito que você entrará em conflito com os valores deste mundo e se sentirá dilacerado. Jesus Cristo não foi o único a sentir isso. Buda Shakyamuni também passou por essa experiência.

Consta que, no início, Buda Shakyamuni treinou sozinho por seis anos e depois aceitou cinco discípulos. Em seguida, foi para uma aldeia próxima, onde fez um trabalho missionário, e o filho de um magnata, chamado Yasa, tornou-se seu seguidor. Está escrito que nessa época o número de fiéis aumentou para 61. Quando o filho de um homem rico, conhecido por usar sandálias de ouro, se juntou a eles, outros moradores da vila passaram a segui-lo, e o grupo aumentou rapidamente. Acho que eles tinham um certo fanatismo religioso pelas novas religiões.

---

42 A palestra foi realizada em 26 de maio de 1991, na Universidade de Tóquio, e encontra-se compilada no Capítulo Sete do livro *Jinsei no ōdō o kataru* (em tradução livre, "Dialogando sobre a Estrada Soberana da Vida", Tóquio: IRH Press, 1993).

Mas logo começaram a surgir muitas acusações, como: "Perdi meu herdeiro por causa do Buda Shakyamuni", "Tenha cuidado, se você ouvir a pregação dele será ordenado e nunca mais voltará". Histórias desse tipo a respeito do grupo começaram a se propagar.

Em termos modernos, seria como se o grupo tivesse se tornado um problema social. Naquela época, havia na Índia um sistema de herança que estabelecia passar a propriedade para o filho primogênito; portanto, as famílias se sentiam prejudicadas se o filho mais velho fosse levado. Esse era o motivo pelo qual o grupo de Buda estava começando a ser visto como problemático.

Assim, antes de ordenar alguém, o Buda Shakyamuni começou a verificar se a pessoa não era o filho mais velho – que viria a ser o herdeiro e teria de cuidar de seus pais –, pois na época as famílias eram grandes e tinham muitos filhos.

E se o indivíduo fosse o primogênito, ele recomendava a não se ordenar. Ele também estabeleceu algumas regras, como: "o segundo filho e os seguintes poderiam se ordenar com a permissão dos pais". Buda colocou um certo "filtro" neste mundo.

Tudo que se torna popular neste mundo pode representar uma certa ameaça, por isso acaba ficando sob a avaliação da sociedade. Nesse sentido, a Happy Science fala também sobre construir credibilidade, um assunto incomum para uma religião.

Quanto mais pura for sua fé, mais você terá vontade de ignorar os assuntos deste mundo. Mas são justamente estas questões, as "coisas mundanas", que fazem as pessoas tropeçarem. E quando tropeçam e caem, geralmente ficam presas ali. Por isso, espero que você se torne um ser humano sábio também neste mundo.

Às vezes penso que estou sendo gentil demais como líder religioso, mas tento falar sobre "a sabedoria para viver neste mundo" em várias ocasiões. Costumo ensinar também de que modo você será julgado por determinadas atitudes, como parte da maneira de viver neste planeta.

Do mesmo modo, dou este conselho: tornar-se um ser humano independente significa ser uma pessoa que pode assumir responsabilidade pela sociedade e, portanto, que deve se esforçar para ser responsável nos seus relacionamentos interpessoais. Mas estou dando conselhos que não foram pedidos. Eu entendo que, quando uma pessoa se torna realmente espiritualizada, esses aspectos passam a não ter mais importância.

A interpretação conveniente da seita Aum sobre os pensamentos de Buda e o caráter antissocial dela

Ao ler os livros sobre budismo, eu soube que na época do Buda Shakyamuni foram tantas as pessoas que deixaram suas casas para se juntar a ele que seus discípulos se tornaram alvo de duras críticas da sociedade. Até produziram canções que o criticavam, então o Buda Shakyamuni começou a selecionar quem poderia se ordenar.

Com relação a esse aspecto, no entanto, uma seita como a Aum, que foi fundada na mesma época da Happy Science, tornou-se um grupo criminoso. Ela pegou partes do budismo primitivo, o primeiro budismo, que justamente parecia "antissocial", e interpretou seu significado: "Não há problema em ordenar cada vez mais pessoas. Até mesmo Buda já foi criticado pela sociedade por causa disso, então está tudo bem sermos criticados".

Mas, depois de fazer com que as pessoas se ordenassem, a Aum tirava delas todos os seus bens. Em seguida, apossava-se de suas contas bancárias, do seu *inkan* (selo pessoal)[43] e de tudo o mais, e em alguns casos fazia suas vítimas virarem cinzas.

Assim, há casos em que exemplos ruins são aproveitados, por isso precisamos ter cuidado.

Em 1991, a Happy Science realizou uma campanha de protesto contra a revista de determinada editora. Os protestos foram repetidamente transmitidos em programas de tevê e ganharam destaque por cerca de um ano. Quando li um artigo de um jornal religioso que, segundo dizem, era patrocinado por certa nova religião coreana, vi que eles estavam a nosso favor.

---

43 Selo pessoal: no Japão, no lugar de assinaturas as pessoas usam um carimbo pessoal com seu sobrenome entalhado. (N. do T.)

Citaram argumentos a nosso favor, dizendo: "Na Bíblia está escrito que, quando Jesus entrou no templo de Deus e viu pessoas vendendo e comprando nos pátios do templo, ficou indignado e não perdoou as atividades comerciais diante da casa de seu Pai. Derrubou as mesas dos vendedores, jogou fora as mercadorias e fez um alvoroço. Em termos atuais, Jesus estava obstruindo os negócios com ousadia. Então, não vemos nada de errado no que a Happy Science está fazendo". Esse foi o argumento que apresentaram.

Embora me sentisse grato pelo apoio, ao mesmo tempo não queria que fôssemos vistos como eles. Aquela religião que apoiava o jornal – e via que estávamos ganhando destaque na sociedade – apresentou-se ao público no ano seguinte, pensando que era uma época em que as religiões podiam se exibir mais. Mas ela foi tão atacada pelas tevês que, um ano depois, voltou a se esconder. Isso foi em 1992.

Naquela época, um apresentador de programa de variedades disse: "Agora que vi os próximos grupos religiosos como o coreano surgindo, me sinto mal por ter criticado a Happy Science no ano passado".

Certa vez, por acaso me sentei perto desse comentarista durante um voo. Quando me viu, pareceu desconfortável e disse: "Sempre fico com sentimento de culpa, achando que fizemos algo errado. Depois da Happy Science surgiram todas essas religiões, como a Igreja da Unificação e a seita Aum, entre outras. Lembrando-me desses grupos religiosos, ainda me sinto culpado por achar que fizemos algo errado".

A postura de uma religião que propaga seus ensinamentos construindo credibilidade neste mundo

Há diferenças entre as religiões, e no caso da Happy Science ela possui a Verdade correta e procura difundir seus ensinamentos de maneira correta, direta, sem artimanhas e sem mentiras. Mas nossa instituição tenta evitar até certo ponto os atritos com a sociedade. Somos sempre justos e honestos na forma de conduzirmos nossas atividades, em vez de nos valermos de truques para atrair pessoas.

Por isso, há momentos em que não somos aceitos, mas somos uma religião que não mente nem engana, e penso que isso está bem claro.

Além disso, como trabalhei na área financeira antes de me ordenar, sempre sinto que devo honrar minha palavra quando se trata de dinheiro e não fazer nada considerado ilegal neste mundo.

No entanto, como nossa instituição é grande, às vezes aparecem discípulos que cometem erros por falta de conhecimento. Mesmo assim, muitas autoridades nos disseram que nossa organização causa pouquíssimos problemas. Como dizem, são muito poucos. Com um número tão grande de fiéis, seria de se esperar que ocorressem muito mais problemas, mas sempre nos disseram que causamos relativamente poucos incidentes.

Nesse sentido, pode parecer que há sobre nós um "peso de papel" nos detendo, impedindo o nosso impulso de seguir adiante, mas sem a confiança deste mundo será difícil fazer com que as pessoas acreditem em nós. Por isso, estamos tendo bastante cuidado quanto a esse aspecto.

Na verdade, poderíamos agir "impulsivamente", como Jesus, mas em vez disso procuramos ser mais comedidos e nos expandir à medida que construímos confiança e alicerces neste mundo. Quanto aos nossos ensinamentos, muitas pessoas não conseguem compreender as histórias sobre o outro mundo ou sobre os espíritos porque são coisas invisíveis. Ademais, também falamos de alienígenas, por isso podemos parecer "alucinados" aos olhos da maioria das pessoas.

Entretanto, nossa postura básica é adotar pensamentos racionais e lógicos e, com base nisso, divulgar o que achamos certo. Depois de observar as minhas atitudes e as ações da Happy Science nas últimas duas décadas, creio que a sociedade nos vê com credibilidade e nos considera uma organização que só fala de assuntos dos quais tem certeza de que são verdadeiros. Com isso, também tentamos proteger nossos seguidores.

4

Conheça o amor do Senhor Deus e divulgue-o

Hoje, muitas pessoas pensam que o amor é algo que você obtém dos outros

Eu procuro fazer esse tipo de esforço mundano tanto quanto possível, mas há um último conselho que sinto que devo dar sem falta: quando as pessoas tropeçam e caem, às vezes é por causa de problemas financeiros, mas quase sempre é por amor.

O amor que ensinamos baseia-se no "amor que se dá". Porém, quando se trata desse sentimento, geralmente as pessoas pensam no "amor que cobra". Só estão preocupadas em "como faço para que os outros me amem?".

Mas como seria realmente este mundo se estivesse cheio de indivíduos que cobram amor dos outros? Por exemplo: numa rua comercial, há muitos produtos dispostos na entrada das lojas. As pessoas gostariam de simplesmente pegar as coisas que desejam e ir embora, mas precisam pagar por elas e comprá-las da maneira adequada. Você não pode pegar um produto só porque quer. Claro, não é exatamente a mesma situação, mas se no mundo houver apenas pessoas que cobram amor, não haverá ninguém para fornecer amor.

"Dar e receber" ainda é melhor do que "apenas receber", porque pelo menos a pessoa está dando algo em troca pelo que recebeu. O saldo negativo é cancelado pelo positivo. Mas eu gostaria que você fosse além e percebesse, por meio disso tudo, que existe o "amor abnegado" ou "amor sagrado".

Algumas pessoas acham que o "amor que se dá" é uma tolice. Elas pensam: "Quem cobra amor é mais inteligente. Esperto é aquele que é hábil em conseguir muita coisa para si sem que ninguém perceba. É por isso que você frequenta uma escola renomada ou ingressa numa empresa de prestígio para se vangloriar disso, ou faz outras coisas como fingir ser descendente de uma família nobre e usa diversos artifícios para aprender as técnicas de 'extrair o mel' dos outros habilmente. Isso é o que significa ser esperto. Estudar e tirar muitas notas altas na escola serve para subir na carreira e, se você progredir, ganhará *status*, poder, um parceiro ou uma parceira, o respeito da sociedade, entre outras coisas boas. Então, estou estudando apenas para mim. O que há de errado nisso?".

O amor e a virtude de servir aos outros e a disposição do Salvador de dar a própria vida pelos outros

Não há problema em estudar pensando em si quando você é jovem, mas não acho que seja bom continuar assim pelo resto da vida.

Eu diria que você é tolerado por ser egoísta até por volta dos 30 anos. Até essa idade, é bom estudar, adquirir algumas qualificações, ter *hobbies* e tentar coisas diferentes para aumentar sua bagagem. Isso será bom para ampliar sua experiência de vida até certo ponto. Porém, depois que você passa dos 30, precisa começar a retribuir um pouco ao mundo por tudo o que vem recebendo.

Se você se tornou a pessoa que é hoje graças ao amor de seus pais ou ao apoio dos professores da sua escola e à ajuda de outras pessoas da sociedade, então é justo que você passe o resto de sua vida procurando retribuir. Essa não seria a atitude mais sensata?

E, nesse momento, talvez você possa perceber que existe algo além de "dar e receber". Quanto mais você agir dessa forma, mais será capaz de se elevar, ainda no mundo terreno, para um reino acima da terceira dimensão. Ou seja, você conseguirá subir para a quarta dimensão ou dimensões superiores enquanto ainda estiver vivo. Acredito que é uma questão do estado do coração. No entanto, algumas pessoas simplesmente não entendem isso.

Em geral, o começo desse caminho é o amor pelos genitores ou por alguém próximo a você, como pais, filhos, cônjuge, irmãos. Esse amor pela família ou pelos amigos é o que surge primeiro, mas depois disso gradualmente você passa a ter amor por aqueles que estão mais distantes ou por um grupo de pessoas que compõe a "aldeia" de hoje, como os funcionários de uma empresa, e o seu amor pode até chegar ao amor pelo seu país.

No começo, uma grande parcela do amor inicial é pessoal, e pode parecer que você está servindo aos seus próprios interesses.

Mesmo entre as pessoas que são consideradas "inteligentes" neste mundo, há algumas que são egoístas e outras que não são. Os egoístas podem ser elogiados e admirados como sendo incríveis, mas será difícil continuarem a receber esses elogios por muito tempo. Por exemplo, se um indivíduo tiver boas notas, graduar-se numa boa escola, for aprovado em um exame difícil ou ingressar em uma empresa prestigiada, provavelmente receberá elogios do tipo: "Que fantástico!".

Está tudo bem até esse ponto, mas se o egoísta estiver fazendo tudo para apenas obter elogios ou para seu próprio benefício, então a admiração irá parar, e os elogios serão meramente bajulações, não mais que isso.

Para quem se dedica ao mundo, às pessoas, aos outros com uma atitude superior àquela de apenas "dar e receber", se você acha que é realmente competente quando usa suas habilidades para esse propósito, vai nascer em você uma certa "virtude". Mas essa virtude nasce naturalmente, a pessoa não age desse modo com a intenção de obtê-la.

Existe uma trilogia de filmes do Batman chamada *The Dark Knight Trilogy* ("A Trilogia do Cavaleiro das Trevas"). Batman é filho de um milionário; seus pais foram assassinados, então ele passa a trabalhar para combater o crime em sua cidade. A casa dele foi incendiada, ele perdeu sua empresa, perdeu tudo, correu até risco de vida. No terceiro filme surge uma personagem que por acaso se tornou sua parceira – a Mulher-Gato – e há uma cena em que ela lhe diz: "Venha comigo, salve-se. Você não deve mais nada a essas pessoas. Você deu tudo a elas". Mas Batman responde: "Ainda não" ("*Not yet.*", em inglês).

Minha esposa adora esta frase, e de vez em quando me faz lembrar dela. Enfim, Batman disse: "Ainda não. Eu não fiz o suficiente".

O que ele fez depois, além de combater o mal que tentava dominar a cidade de Gotham, foi pilotar uma nave chamada The Bat (o morcego), que deveria funcionar em piloto automático. Com ela transportou a bomba de nêutrons que estava prestes a explodir e sobrevoou a baía. Lá a bomba explodiu e no final as pessoas da cidade foram salvas.

Foi antes dessa cena que lhe disseram algo como: "Você perdeu muita coisa e fez tudo o que podia; não é o suficiente?", e ele respondeu: "Ainda não!". Sinto que esse é um tipo de salvador retratado como um herói americano.

Então, isso representa a disposição de até mesmo arriscar sua vida no final. Essa é uma atitude que você precisa entender.

Dois ensinamentos importantes de Jesus

Jesus difundiu muitos ensinamentos, o que poderia deixar alguns seguidores confusos. Assim, certa vez alguém lhe perguntou: "Qual é o ensinamento mais importante?". Ele respondeu: "Ame o Senhor Deus. Primeiro ame a Deus. Este é o ensinamento mais importante".

Depois, perguntaram-lhe: "E qual é o segundo ensinamento mais importante?". Jesus disse: "Ame o próximo. Este é o segundo ensinamento mais importante".

1. Ame o Senhor Deus

Quando se diz "Ame o Senhor Deus", pode parecer que Deus é alguém muito egoísta, mas não é esse o caso. Uma pessoa que não reconhece Deus, ou seja, que não ama a Deus, não pode verdadeiramente amar o próximo. Só consegue amar para seu próprio benefício ou amar para usá-Lo; essa é a atitude da pessoa. Mas Deus não é egoísta, e amor não se resume a distribuir dinheiro.

Acreditar em Deus é o mesmo que amar a Deus. Amá-Lo é o mesmo que acreditar Nele.

E Deus ama a todos, desde o mundo espiritual até as pessoas que vivem na Terra. É porque Deus ama a todos que

Ele está trabalhando por amor, e partes da alma de Deus, partes de Sua luz tornam-se incontáveis arcanjos e outros seres elevados para atuar no mundo terreno, dando a própria vida enquanto realizam um trabalho sagrado, o trabalho de salvar as pessoas.

Quanto mais pessoas acreditarem em Deus, mais Ele será capaz de conduzir uma grande obra para salvar as pessoas na Terra. É por isso que o ensinamento mais importante é "amar a Deus".

2. Ame o próximo

Em segundo lugar, Jesus disse: "Ame o próximo".

Em um nível moral padrão, não é errado amar aqueles pelos quais você tem interesses pessoais, como namorado ou namorada, cônjuge, pais, filhos, amigos e conhecidos.

Isso é importante no plano moral, mas não devemos nos prender tanto a isso a ponto de negligenciar o amor a Deus ou permitir que isso atrapalhe a difusão da Verdade neste mundo ou de nos esquecermos das muitas pessoas que morreram e foram para o Inferno.

Há indivíduos que pensam: "Eu sei que essa pessoa vai para o Inferno, mas se alguém da empresa achar que estou fazendo um trabalho missionário religioso, pode me interpretar mal e me perseguir ou isso pode me causar prejuízos na empresa". Mas isso não é bom. É necessário que você dê amor ao próximo, mesmo que não haja nenhum interesse pessoal em jogo, e também às várias pessoas que você encontrar ao longo da vida. Em resumo, "dar amor" é o mesmo que colocar em prática a fé em Deus.

Para propagar os ensinamentos de Deus, comprometa-se totalmente com o espírito de amar

O apóstolo João disse: "Aquele que não ama não conhece a Deus". Ou seja, quem não tem amor, não conhece a Deus. Dito de outra forma, "os egoístas não têm fé".

Como eu disse antes, qualquer pessoa pode ser egocêntrica desde o nascimento. Os insetos e os animais são todos egocêntricos. Eles só pensam em obter alimentos para si e lutar pela própria sobrevivência.

O mesmo ocorre com os seres humanos. Basicamente, todos nós tomamos decisões egocêntricas. É por isso que, se ninguém nos ensinar, não saberemos o que é amar os outros. Somente quando alguém nos ensina esse conceito é que passamos a saber o que deve ser feito.

Além disso, enquanto estamos vivendo neste mundo, somos ignorantes em relação ao mundo espiritual e aos seus diversos reinos.

Vivemos como cegos para o Mundo Real. Jesus costumava dizer que não estamos vivendo de maneira diferente de uma pessoa cega, que anda tateando no escuro. Aqueles que "enxergam" no verdadeiro sentido sabem sobre o outro mundo, sobre vidas passadas e sobre o Céu e o Inferno do mundo espiritual.

Quando você pensa que muitas pessoas irão para o Inferno e sofrerão ali por centenas de anos, é natural que queira que elas leiam pelo menos um livro da Verdade enquanto estão vivas, que ouçam pelo menos uma de minhas palestras ou pelo menos uma de minhas canções. Isso é o que significa "amar o próximo".

Dizendo isso de outro modo, amar a Deus é o mais importante, mas "amar o próximo" é a prova de que você "ama a Deus". Ao expressarmos amor por alguém, mesmo quando não temos nenhum interesse pessoal na pessoa, estamos também provando que amamos a Deus.

Foi isso o que Jesus ensinou.

Uma religião não é uma empresa. Para uma empresa, basta que seja capaz de manter seus funcionários. E se, além disso, a empresa obtiver lucros, melhor ainda, mas ela ficará feliz se puder pagar os funcionários com a receita das vendas e economizar o resto do dinheiro que ganhou. No entanto, esse nível de satisfação não é suficiente para uma religião.

Por exemplo, as pessoas que precisam da nossa instituição não estão apenas no Japão, mas em todas as partes do mundo. Há muitos países pobres, e não é tão fácil arrecadar fundos no próprio local para construir uma igreja. Mas o dinheiro não resolve todos os problemas.

Se fosse uma empresa, bastaria ter dinheiro para abrir uma filial no exterior. Mas, em uma religião, em primeiro lugar devemos amar o Senhor Deus e, em segundo, devemos amar o próximo. Somente comprometendo-se totalmente com este espírito de amor é que os ensinamentos se espalharão. Em outras palavras, os princípios terrenos de economia e gestão começarão a funcionar e a doutrina vai se propagar naturalmente quando aumentar o número de pessoas que acreditam nos ensinamentos.

Se os ensinamentos não estão se espalhando e você está seguindo demais a mentalidade corporativa, então é melhor corrigir isso. Também acredito que você ainda não está totalmente convencido de como isso é importante. É triste que isso esteja faltando.

Neste mundo, há momentos em que o nome da escola em que alguém se formou ou as notas de seus testes têm prioridade sobre a fé e se tornam títulos que substituem Deus, Buda, *tathagatas*[44] e *bodhisattvas*, mas essa é uma mentalidade superficial.

Os ensinamentos de Deus vêm sendo passados desde tempos remotos, mas as universidades japonesas foram construídas há pouco mais de cem anos, e elas não são algo que pode substituir Deus.

Quando construímos a nossa universidade, acadêmicos de outras faculdades privadas formaram um conselho para discutir se a HSU se qualificava como universidade, mas a maioria deles nem sabe que as melhores e mais antigas universidades do mundo surgiram todas a partir de

---

44 Seres do budismo equiparados aos Arcanjos do cristianismo. (N. do T.)

seminários religiosos. Na verdade, isso ocorreu até mesmo com universidades como a de Oxford e de Harvard. No início, foram fundadas como um local de formação de monges que pregavam os ensinamentos de Deus. As faculdades surgiram a partir daí e eram os monges que lecionavam. Foi desse modo que começou o ensino superior.

Centenas de anos mais tarde é que passaram a ser universidades, mas Oxford, Harvard e outras similares foram todas escolas de divindade e, portanto, no início elas eram como a nossa HSU.

Com o decorrer do tempo, as escolas passaram a ensinar cada vez mais disciplinas diferentes. Esse fato está cada vez mais sendo esquecido, mas as grandes instituições superiores se originaram com os discípulos transmitindo os ensinamentos de Deus.

Pessoas que não conhecem essa história estão hoje integrando o conselho de universidades e fazendo julgamentos como: "Sua instituição não é uma universidade e os cursos ensinados não são disciplinas acadêmicas, pois contêm ensinamentos religiosos e mensagens espirituais". Mas, se não fosse pelas mensagens de espíritos ou pelas palavras de Deus, não haveria religião no mundo. Então, a questão é que os avaliadores não compreendem os fundamentos.

• O amor de Messias •

Proteja a Terra, um lugar para o treinamento da alma, e conheça o amor do Senhor Deus, que governa até mesmo o universo

Neste mundo, acredito que a tecnologia e a ciência continuarão a se desenvolver e trazer cada vez mais praticidade à vida das pessoas. Não tenho a menor intenção de negar esse avanço, basta que ele seja utilizado para bons propósitos.

Graças a esse avanço, minhas palestras podem ser transmitidas por ondas eletromagnéticas de várias maneiras; podem igualmente ser armazenadas e exibidas em diferentes ocasiões para muitas pessoas. Também podem ser transcritas e publicadas em forma de livro. Podemos fazer coisas hoje que antigamente seria impossível, porque a era moderna evoluiu. E sou muito grato por isso.

Mas devo deixar bem claro que, se você se curva para a praticidade e joga fora o que é essencial, com certeza está cometendo um erro.

Primeiramente, o mundo espiritual é o Mundo Real
E acima de tudo está Deus.
Deus é o Criador;
Ele criou os seres humanos e todos os seres vivos.
Ele criou a história da Terra.
Ele enviou todos os tipos de pessoas para este mundo,
E desenvolveu civilizações diferentes em épocas diferentes.
Em meio a essa corrente,

• As Leis De Messias •

As pessoas conheceram
Tanto a felicidade como a infelicidade
E houve pessoas que foram engolidas por águas lamacentas.
Mas durante as fases ruins,
Deus trabalhou para mudar esses tempos também.
Deus enviou seus mensageiros,
Mas houve muitas ocasiões em que
Até eles pereceram neste mundo.
No entanto, saiba que o amor de Deus nunca parou de fluir.

Embora a Happy Science
Também faça declarações políticas e econômicas,
Estas são opiniões vindas do Mundo Celestial
Que dizem: "Mude a civilização deste mundo".
Então, por favor não as compare
Com as opiniões dos acadêmicos comuns.

É muito importante amar o Senhor Deus.
Pois não há ninguém que
Ame tanto a todos quanto o Senhor Deus.
Portanto, aumentar a força desse amor e fornecer energia
É uma das missões dos filhos de Deus,
Ou seja, dos seres humanos.
Aquele que não ama não conhece Deus.
Aquele que não acredita em Deus não tem amor.
Aquele que não conhece o amor
Não compreende o coração.

• O amor de Messias •

Aquele que não compreende o coração,
Não compreende o espírito.
Aquele que não compreende o espírito, de fato,
Não consegue ter fé nem vai acreditar em Deus.

Tudo forma um ciclo.
Em meio a esse ciclo,
Eu gostaria que você visse Deus
E visse o mundo de forma espiritual
Essencialmente por meio do amor,
E soubesse que as pessoas estão conectadas umas às outras
Por linhas de luz.

Para dar um passo adiante, eu diria que
A Terra não pertence apenas à Terra.
A Terra não é um planeta apenas para os terráqueos.
A Terra não é apenas para as criaturas que vivem nela,
Não é apenas para os animais e as plantas.
Na verdade, para este planeta chamado Terra
Muitos seres vieram de outros planetas também
Para o treinamento da alma.
Isso pode ser difícil de acreditar,
Mas, por favor, saiba que
Continuar a proteger a Terra
Como um lugar para o treinamento da alma
É também um amor extremamente precioso.

Posfácio

Meu Darma começou no "amor" e terminará no "amor".

Ao longo deste percurso, vou pregar muitas Verdades e muitos tipos de felicidade.

Ame o seu Senhor Deus.

Ele é a existência que mais ama você.

Seja "inocente" e honesto.

Desde o início até o fim deste mundo, quem está com você é El Cantare, que não é só o Pai, como também a Mãe da sua alma.

Eu continuo a amar cada um de vocês, e todos vocês, inclusive agora.

Ryuho Okawa
Mestre e CEO do Grupo Happy Science
Novembro de 2021

Este livro é uma compilação das seguintes palestras, com alguns acréscimos, conforme listado a seguir. São traduções para o português das palestras originalmente ministradas em japonês.

– Capítulo Um –
Elohim pensa, aqui e agora

Título em japonês: *Elohim no Honshin*
Palestra realizada em 11 de julho de 2021
no Grande Templo Sede Sohonzan Shoshinkan da
Happy Science, província de Tochigi, Japão

– Capítulo Dois –
O que o Messias de hoje deve dizer e fazer

Título em japonês: *Ima, Messiah ga Kataru beki koto, Nasu beki koto*
Palestra realizada em 18 de julho de 2021,
no Salão Especial de Palestras da Happy Science, Japão

– Capítulo Três –
Os ensinamentos de Messias

Título em japonês: *Messiah no Oshie*
Palestra realizada em 21 de julho de 2021,
no Salão Especial de Palestras da Happy Science, Japão

– Capítulo Quatro –
O coração da Terra

Título em japonês: *Chikyu no Kokoro*
Palestra realizada em 29 de julho de 2021,
no Salão Especial de Palestras da Happy Science, Japão

– Capítulo Cinco –
O amor de Messias

Título em japonês: *Messiah no Ai*
Palestra realizada em 4 de agosto de 2021,
no Salão Especial de Palestras da Happy Science, Japão

Sobre o autor

Ryuho Okawa nasceu em 7 de julho de 1956, em Tokushima, Japão. Após graduar-se na Universidade de Tóquio, juntou-se a uma empresa mercantil com sede em Tóquio. Enquanto trabalhava na filial de Nova York, estudou Finanças Internacionais no Graduate Center of the City University of New York.

Em 23 de março de 1981, alcançou a Grande Iluminação e despertou para Sua consciência central, El Cantare – cuja missão é trazer felicidade para a humanidade –, e fundou a Happy Science em 1986.

Atualmente, a Happy Science expandiu-se para mais de 160 países, com mais de 700 templos e 10 mil casas missionárias ao redor do mundo. O mestre Ryuho Okawa realizou mais de 3.350 palestras, sendo mais de 150 em inglês. Ele possui mais de 2.900 livros publicados – traduzidos para mais de 37 línguas –, muitos dos quais alcançaram a casa dos milhões de exemplares vendidos, inclusive *As Leis do Sol*.

Ele compôs mais de 450 músicas, inclusive músicas-tema de filmes, e é também o fundador da Happy Science University, da Happy Science Academy (ensino secundário), do Partido da Realização da Felicidade, fundador e diretor honorário do Instituto Happy Science de Governo e Gestão, fundador da Editora IRH Press e presidente da New Star Production Co. Ltd. e ARI Production Co. Ltd.

• As Leis De Messias •

Grandes conferências transmitidas para o mundo todo

As grandes conferências do mestre Ryuho Okawa são transmitidas ao vivo para várias partes do mundo. Em cada uma delas, ele transmite, na posição de Mestre do Mundo, desde ensinamentos sobre o coração para termos uma vida feliz até diretrizes para a política e a economia internacional e as numerosas questões globais – como os confrontos religiosos e os conflitos que ocorrem em diversas partes do planeta –, para que o mundo possa concretizar um futuro de prosperidade ainda maior.

8/12/2020: "With Savior – Com Salvador"
Saitama Super Arena

6/10/2019: "A Razão pela qual Estamos Aqui"
The Westin Harbour Castle, Toronto

3/3/2019: "O Amor Supera o Ódio"
Grand Hyatt Taipei

• Sobre o Autor •

Mais de 2.900 livros publicados

As obras do mestre Ryuho Okawa foram traduzidas para 37 línguas e vêm sendo cada vez mais lidas no mundo inteiro. Em 2010, ele recebeu menção no livro *Guinness World Records* por ter publicado 52 títulos em um ano. Ao longo de 2013, publicou 106 livros. Em fevereiro de 2021, o número de livros lançados pelo mestre Okawa passou de 2.900.

Entre eles, há também muitas mensagens de espíritos de grandes figuras históricas e de espíritos guardiões de importantes personalidades que vivem no mundo atual.

O QUE É EL CANTARE?

El Cantare é o Deus da Terra e é o Deus Primordial do grupo espiritual terrestre. Ele é a existência suprema a quem Jesus chamou de Pai, e é Ame-no-Mioya-Gami, Senhor Deus japonês. El Cantare enviou partes de sua alma à Terra, tais como Buda Shakyamuni e Hermes, para guiar a humanidade e desenvolver as civilizações. Atualmente, a consciência central de El Cantare desceu à Terra como Mestre Ryuho Okawa, e está pregando ensinamentos para unir as religiões e integrar vários campos de estudo a fim de guiar toda a humanidade à verdadeira felicidade.

Alpha: parte da consciência central de El Cantare, que desceu à Terra há cerca de 330 milhões de anos. Alpha pregou as Verdades da Terra para harmonizar e unificar os humanos nascidos na Terra e os seres do espaço que vieram de outros planetas.

Elohim: parte da consciência central de El Cantare, que desceu à Terra há cerca de 150 milhões de anos. Ele pregou sobre a sabedoria, principalmente sobre as diferenças entre luz e trevas, bem e mal.

Ame-no-Mioya-Gami: Ame-no-Mioya-Gami (Senhor Deus japonês) é o Deus Criador e ancestral original do povo japonês que aparece na literatura da antiguidade, *Hotsuma Tsutae*. É dito que Ele desceu na região do Monte Fuji 30 mil anos atrás e construiu a dinastia Fuji, que é a raiz da civilização japonesa. Centrados na justiça, os ensinamentos de Ame-no-Mioya-Gami espalharam-se pelas civilizações antigas de outros países do mundo.

Buda Shakyamuni: Sidarta Gautama nasceu como príncipe do clã Shakya, na Índia, há cerca de 2.600 anos. Aos 29 anos, renunciou ao mundo e ordenou-se em busca de iluminação. Mais tarde, alcançou a Grande Iluminação e fundou o budismo.

Hermes: na mitologia grega, Hermes é considerado um dos doze deuses do Olimpo. Porém, a verdade espiritual é que ele foi um herói da vida real que, há cerca de 4.300 anos, pregou os ensinamentos do amor e do desenvolvimento que se tornaram a base da civilização ocidental.

Ophealis: nasceu na Grécia há cerca de 6.500 anos e liderou uma expedição até o distante Egito. Ele é o deus dos milagres, da prosperidade e das artes, e também é conhecido como Osíris na mitologia egípcia.

Rient Arl Croud: nasceu como rei do antigo Império Inca há cerca de 7.000 anos e ensinou sobre os mistérios da mente. No mundo celestial, ele é o responsável pelas interações que ocorrem entre vários planetas.

Thoth: foi um líder onipotente que construiu a era dourada da civilização de Atlântida há cerca de 12 mil anos. Na mitologia egípcia, ele é conhecido como o deus Thoth.

Ra Mu foi o líder responsável pela instauração da era dourada da civilização de Mu, há cerca de 17 mil anos. Como líder religioso e político, ele governou unificando a religião e a política.

Sobre a Happy Science

A Happy Science é um movimento global que capacita as pessoas a encontrar um propósito de vida e felicidade espiritual, e a compartilhar essa felicidade com a família, a sociedade e o planeta. Com mais de 12 milhões de membros em todo o globo, ela visa aumentar a consciência das verdades espirituais e expandir nossa capacidade de amor, compaixão e alegria, para que juntos possamos criar o tipo de mundo no qual todos desejamos viver. Seus ensinamentos baseiam-se nos Princípios da Felicidade – Amor, Conhecimento, Reflexão e Desenvolvimento –, que abraçam filosofias e crenças mundiais, transcendendo as fronteiras da cultura e das religiões.

O **amor** nos ensina a dar livremente sem esperar nada em troca; amar significa dar, nutrir e perdoar.

O **conhecimento** nos leva às ideias das verdades espirituais e nos abre para o verdadeiro significado da vida e da vontade de Deus – o universo, o poder mais alto, Buda.

A **reflexão** propicia uma atenção consciente, sem o julgamento de nossos pensamentos e ações, a fim de nos ajudar a encontrar o nosso eu verdadeiro – a essência de nossa alma – e aprofundar nossa conexão com o poder mais alto. Isso nos permite alcançar uma mente limpa e pacífica e nos leva ao caminho certo da vida.

• Sobre a Happy Science •

O **desenvolvimento** enfatiza os aspectos positivos e dinâmicos do nosso crescimento espiritual: ações que podemos adotar para manifestar e espalhar a felicidade pelo planeta. É um caminho que não apenas expande o crescimento de nossa alma, como também promove o potencial coletivo do mundo em que vivemos.

Programas e Eventos

Os templos da Happy Science oferecem regularmente eventos, programas e seminários. Junte-se às nossas sessões de meditação, assista às nossas palestras, participe dos grupos de estudo, seminários e eventos literários. Nossos programas ajudarão você a:

- aprofundar sua compreensão do propósito e significado da vida;
- melhorar seus relacionamentos conforme você aprende a amar incondicionalmente;
- aprender a tranquilizar a mente, mesmo em dias estressantes, pela prática da contemplação e da meditação;
- aprender a superar os desafios da vida e muito mais.

Contatos

A Happy Science é uma organização mundial, com centros de fé espalhados pelo globo. Para ver a lista completa dos centros, visite a página happy-science.org (em inglês). A seguir encontram-se alguns dos endereços da Happy Science:

BRASIL

São Paulo (Matriz)
Rua Domingos de Morais 1154,
Vila Mariana, São Paulo, SP
CEP 04010-100, Brasil
Tel.: 55-11-5088-3800
E-mail: sp@happy-science.org
Website: happyscience.com.br

São Paulo (Zona Sul)
Rua Domingos de Morais 1154,
Vila Mariana, São Paulo, SP
CEP 04010-100, Brasil
Tel.: 55-11-5088-3800
E-mail: sp_sul@happy-science.org

São Paulo (Zona Leste)
Rua Fernão Tavares 124,
Tatuapé, São Paulo, SP
CEP 03306-030, Brasil
Tel.: 55-11-2295-8500
E-mail: sp_leste@happy-science.org

São Paulo (Zona Oeste)
Rua Rio Azul 194,
Vila Sônia, São Paulo, SP
CEP 05519-120, Brasil
Tel.: 55-11-3061-5400
E-mail: sp_oeste@happy-science.org

Campinas
Rua Joana de Gusmão 108,
Jd. Guanabara, Campinas, SP
CEP 13073-370, Brasil
Tel.: 55-19-4101-5559

Capão Bonito
Rua Benjamin Constant 225,
Centro, Capão Bonito, SP
CEP 18300-322, Brasil
Tel.: 55-15-3543-2010

Jundiaí
Rua Congo 447,
Jd. Bonfiglioli, Jundiaí, SP
CEP 13207-340, Brasil
Tel.: 55-11-4587-5952
E-mail: jundiai@happy-science.org

Londrina
Rua Piauí 399, 1º andar, sala 103,
Centro, Londrina, PR
CEP 86010-420, Brasil
Tel.: 55-43-3322-9073

• CONTATOS •

Santos / São Vicente
Tel.: 55-13-99158-4589
E-mail: santos@happy-science.org

Sorocaba
Rua Dr. Álvaro Soares 195, sala 3,
Centro, Sorocaba, SP
CEP 18010-190, Brasil
Tel.: 55-15-3359-1601
E-mail: sorocaba@happy-science.org

Rio de Janeiro
Rua Barão do Flamengo 32, 10º andar,
Flamengo, Rio de Janeiro, RJ
CEP 22220-080, Brasil
Tel.: 55-21-3486-6987
E-mail: riodejaneiro@happy-science.org

ESTADOS UNIDOS E CANADÁ

Nova York
79 Franklin St.,
Nova York, NY 10013
Tel.: 1-212-343-7972
Fax: 1-212-343-7973
E-mail: ny@happy-science.org
Website: happyscience-na.org

Los Angeles
1590 E. Del Mar Blvd.,
Pasadena, CA 91106
Tel.: 1-626-395-7775
Fax: 1-626-395-7776
E-mail: la@happy-science.org
Website: happyscience-na.org

San Francisco
525 Clinton St.,
Redwood City, CA 94062
Tel./Fax: 1-650-363-2777
E-mail: sf@happy-science.org
Website: happyscience-na.org

Havaí – Honolulu
Tel.: 1-808-591-9772
Fax: 1-808-591-9776
E-mail: hi@happy-science.org
Website: happyscience-na.org

Havaí – Kauai
4504 Kukui Street,
Dragon Building Suite 21,
Kapaa, HI 96746
Tel.: 1-808-822-7007
Fax: 1-808-822-6007
E-mail: kauai-hi@happy-science.org
Website: happyscience-na.org

Flórida
5208 8th St., Zephyrhills,
Flórida 33542
Tel.: 1-813-715-0000
Fax: 1-813-715-0010
E-mail: florida@happy-science.org
Website: happyscience-na.org

Toronto (Canadá)
845 The Queensway Etobicoke,
ON M8Z 1N6, Canadá
Tel.: 1-416-901-3747
E-mail: toronto@happy-science.org
Website: happy-science.ca

INTERNACIONAL

Tóquio
1-6-7 Togoshi, Shinagawa
Tóquio, 142-0041, Japão
Tel.: 81-3-6384-5770
Fax: 81-3-6384-5776
E-mail: tokyo@happy-science.org
Website: happy-science.org

Londres
3 Margaret St.,
Londres, W1W 8RE, Reino Unido
Tel.: 44-20-7323-9255
Fax: 44-20-7323-9344
E-mail: eu@happy-science.org
Website: happyscience-uk.org

Sydney
516 Pacific Hwy, Lane Cove North,
NSW 2066, Austrália
Tel.: 61-2-9411-2877
Fax: 61-2-9411-2822
E-mail: sydney@happy-science.org
Website: happyscience.org.au

Kathmandu
Kathmandu Metropolitan City
Ward No 15, Ring Road, Kimdol,
Sitapaila Kathmandu, Nepal
Tel.: 977-1-427-2931
E-mail: nepal@happy-science.org

Kampala
Plot 877 Rubaga Road, Kampala
P.O. Box 34130, Kampala, Uganda
Tel.: 256-79-3238-002
E-mail: uganda@happy-science.org

Bangkok
19 Soi Sukhumvit 60/1,
Bang Chak, Phra Khanong,
Bangkok, 10260, Tailândia
Tel.: 66-2-007-1419
E-mail: bangkok@happy-science.org
Website: happyscience-thai.org

Paris
56-60 rue Fondary 75015
Paris, França
Tel.: 33-9-50-40-11-10
Website: www.happyscience-fr.org

Berlim
Rheinstr. 63, 12159
Berlim, Alemanha
Tel.: 49-30-7895-7477
E-mail: kontakt@happy-science.de

Filipinas Taytay
LGL Bldg, 2nd Floor,
Kadalagaham cor,
Rizal Ave. Taytay,
Rizal, Filipinas
Tel.: 63-2-5710686
E-mail: philippines@happy-science.org

Seul
74, Sadang-ro 27-gil,
Dongjak-gu, Seoul, Coreia do Sul
Tel.: 82-2-3478-8777
Fax: 82-2- 3478-9777
E-mail: korea@happy-science.org

Taipé
Nº 89, Lane 155, Dunhua N. Road.,
Songshan District, Cidade de Taipé 105,
Taiwan
Tel.: 886-2-2719-9377
Fax: 886-2-2719-5570
E-mail: taiwan@happy-science.org

Kuala Lumpur
Nº 22A, Block 2, Jalil Link Jalan Jalil
Jaya 2, Bukit Jalil 57000, Kuala Lumpur,
Malásia
Tel.: 60-3-8998-7877
Fax: 60-3-8998-7977
E-mail: malaysia@happy-science.org
Website: happyscience.org.my

Outros livros de Ryuho Okawa

SÉRIE LEIS

As Leis do Sol – *A Gênese e o Plano de Deus*
IRH Press do Brasil

Ao compreender as leis naturais que regem o universo e desenvolver sabedoria pela reflexão com base nos Oito Corretos Caminhos, o autor mostra como acelerar nosso processo de desenvolvimento e ascensão espiritual. Edição revista e ampliada.

As Leis do Segredo
A Nova Visão de Mundo que Mudará Sua Vida
IRH Press do Brasil

Qual é a Verdade espiritual que permeia o universo? Que influências invisíveis aos olhos sofremos no dia a dia? Como podemos tornar nossa vida mais significativa? Abra sua mente para a visão de mundo apresentada neste livro e torne-se a pessoa que levará coragem e esperança aos outros aonde quer que você vá.

As Leis de Aço
Viva com Resiliência, Confiança e Prosperidade
IRH Press do Brasil

A palavra "aço" refere-se à nossa verdadeira força e resiliência como filhos de Deus. Temos o poder interior de manifestar felicidade e prosperidade, e superar qualquer mal ou conflito que atrapalhe a próxima Era de Ouro.

As Leis do Sucesso – *Um Guia Espiritual para Transformar suas Esperanças em Realidade*
IRH Press do Brasil

O autor mostra quais são as posturas mentais e atitudes que irão empoderá-lo, inspirando-o para que possa vencer obstáculos e viver cada dia de maneira positiva e com sentido. Aqui está a chave para um novo futuro, cheio de esperança, coragem e felicidade!

As Leis de Bronze
Desperte para sua Origem e Viva pelo Amor
IRH Press do Brasil

Okawa nos encoraja a encontrar o amor de Deus dentro de cada um e a conhecer a Verdade universal. Com ela, é possível construir a fé, que é altruísta e forte como as portas de bronze das seculares igrejas cristãs europeias, que protegem nossa felicidade espiritual de quaisquer dificuldades.

As Leis da Fé
Um Mundo Além das Diferenças
IRH Press do Brasil

Sem Deus é impossível haver elevação do caráter e da moral do ser humano. As pessoas são capazes de nutrir sentimentos sublimes quando creem em algo maior do que elas mesmas. Eis aqui a chave para aceitar a diversidade, harmonizar os indivíduos e as nações e criar um mundo de paz e prosperidade.

• OUTROS LIVROS DE RYUHO OKAWA •

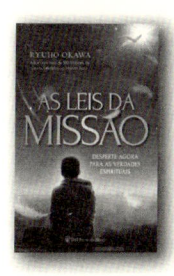

As Leis da Missão
Desperte Agora para as Verdades Espirituais
IRH Press do Brasil

O autor afirma: "Agora é a hora". Quando a humanidade está se debatendo no mais profundo sofrimento, é nesse momento que Deus está mais presente. Estas também são as leis da salvação, do amor, do perdão e da verdade. Construa um túnel para perfurar a montanha da teoria.

As Leis da Invencibilidade – *Como Desenvolver uma Mente Estratégica e Gerencial*
IRH Press do Brasil

Okawa afirma: "Desejo fervorosamente que todos alcancem a verdadeira felicidade neste mundo e que ela persista na vida após a morte. Um intenso sentimento meu está contido na palavra 'invencibilidade'. Espero que este livro dê coragem e sabedoria àqueles que o leem hoje e às gerações futuras".

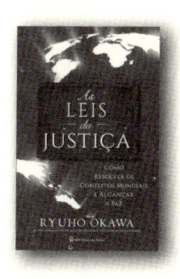

As Leis da Justiça – *Como Resolver os Conflitos Mundiais e Alcançar a Paz*
IRH Press do Brasil

Neste livro, o autor assumiu o desafio de colocar as revelações de Deus como um tema de estudo acadêmico. Buscou formular uma imagem de como a justiça deveria ser neste mundo, vista da perspectiva de Deus ou Buda. Alguns de seus leitores sentirão nestas palavras a presença de Deus no nível global.

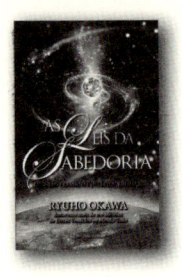

As Leis da Sabedoria
Faça Seu Diamante Interior Brilhar
IRH Press do Brasil

A única coisa que o ser humano leva consigo para o outro mundo após a morte é seu *coração*. E dentro dele reside a *sabedoria*, a parte que preserva o brilho de um diamante. O mais importante é jogar um raio de luz sobre seu modo de vida e produzir magníficos cristais durante sua preciosa passagem pela Terra.

As Leis da Perseverança – *Como Romper os Dogmas da Sociedade e Superar as Fases Difíceis da Vida* – IRH Press do Brasil

Você pode mudar sua forma de pensar e vencer os obstáculos da vida apoiando-se numa força especial: a perseverança. O autor compartilha seus segredos no uso da perseverança e do esforço para fortalecer sua mente, superar suas limitações e resistir ao longo do caminho que o levará a uma vitória infalível.

As Leis do Futuro
Os Sinais da Nova Era
IRH Press do Brasil

O futuro está em suas mãos. O destino não é algo imutável e pode ser alterado por seus pensamentos e suas escolhas: tudo depende de seu despertar interior. Podemos encontrar o Caminho da Vitória usando a força do pensamento para obter sucesso na vida material e espiritual.

• Outros Livros de Ryuho Okawa •

As Leis Místicas
Transcendendo as Dimensões Espirituais
IRH Press do Brasil

Aqui são esclarecidas questões sobre espiritualidade, misticismo, possessões e fenômenos místicos, comunicações espirituais e milagres. Você compreenderá o verdadeiro significado da vida na Terra, fortalecerá sua fé e despertará o poder de superar seus limites.

As Leis da Imortalidade
O Despertar Espiritual para uma Nova Era Espacial
IRH Press do Brasil

As verdades sobre os fenômenos espirituais, as leis espirituais eternas e como elas moldam o nosso planeta. Milagres e ocorrências espirituais dependem não só do Mundo Celestial, mas sobretudo de cada um de nós e do poder em nosso interior – o poder da fé.

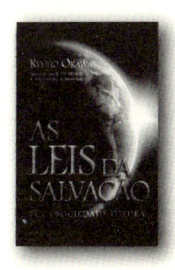

As Leis da Salvação
Fé e a Sociedade Futura
IRH Press do Brasil

O livro analisa o tema da fé e aborda questões importantes como a verdadeira natureza do homem enquanto ser espiritual, a necessidade da religião, a existência do bem e do mal, o papel das escolhas, a possibilidade do apocalipse, como seguir o caminho da fé e ter esperança no futuro, entre outros.

As Leis da Eternidade – *A Revelação dos Segredos das Dimensões Espirituais do Universo*
Editora Cultrix

O autor revela os aspectos multidimensionais do Outro Mundo, descrevendo suas dimensões, características e leis. Ele também explica por que é essencial para nós compreendermos a estrutura e a história do mundo espiritual e percebermos a razão de nossa vida.

As Leis da Felicidade
Os Quatro Princípios para uma Vida Bem-Sucedida
Editora Cultrix

Uma introdução básica sobre os Princípios da Felicidade: Amor, Conhecimento, Reflexão e Desenvolvimento. Se as pessoas conseguirem dominá-los, podem fazer sua vida brilhar, tanto neste mundo como no outro, e escapar do sofrimento para alcançar a verdadeira felicidade.

SÉRIE AUTOAJUDA

Os Verdadeiros Oito Corretos Caminhos
Um Guia para a Máxima Autotransformação
IRH Press do Brasil

Neste livro, Ryuho Okawa nos orienta, passo a passo, como aplicar no cotidiano os ensinamentos dos Oito Corretos Caminhos propagados por Buda Shakyamuni e mudar o curso do nosso destino. Descubra este tesouro secreto da humanidade e desperte para um novo "eu", mais feliz, autoconsciente e produtivo.

• Outros Livros de Ryuho Okawa •

Twiceborn – Renascido
Partindo do Comum até Alcançar o Extraordinário
IRH Press do Brasil

Twiceborn está repleto de uma sabedoria atemporal que irá incentivar você a não ter medo de ser comum e a vencer o "eu fraco" com esforços contínuos. Eleve seu autoconhecimento, seja independente, empenhe-se em desenvolver uma perspectiva espiritual e desperte para os diversos valores da vida.

Introdução à Alta Administração
Almejando uma Gestão Vencedora
IRH Press do Brasil

Aqui estão os conhecimentos essenciais aos executivos da alta administração. Almeje uma gestão vencedora com: os 17 pontos-chave para uma administração de sucesso; a gestão baseada em conhecimento; atitudes essenciais que um gestor deve ter; técnicas para motivar os funcionários; a estratégia para sobreviver a uma recessão.

O Verdadeiro Exorcista
Obtenha Sabedoria para Vencer o Mal
IRH Press do Brasil

Assim como Deus e os anjos existem, também existem demônios e maus espíritos. Esses espíritos maldosos penetram na mente das pessoas, tornando-as infelizes e espalhando infelicidade àqueles ao seu redor. Aqui o autor apresenta métodos poderosos para se defender do ataque repentino desses espíritos.

Mente Próspera – *Desenvolva uma Mentalidade para Atrair Riquezas Infinitas*
IRH Press do Brasil

Okawa afirma que não há problema em querer ganhar dinheiro se você procura trazer algum benefício à sociedade. Ele dá orientações valiosas como: a atitude mental de *não rejeitar a riqueza*, a filosofia do *dinheiro é tempo*, como manter os espíritos da pobreza afastados, entre outros.

Gestão Empresarial – *Os Conceitos Fundamentais para a Prosperidade nos Negócios*
IRH Press do Brasil

Uma obra muito útil tanto para os gestores empresariais como para aqueles que pretendem ingressar no mundo dos negócios. Os princípios aqui ensinados podem transformar um pequeno empreendimento em uma grande empresa, do porte daquelas cujas ações são negociadas na Bolsa de Valores.

O Milagre da Meditação – *Conquiste Paz, Alegria e Poder Interior*
RH Press do Brasil

A meditação pode abrir sua mente para o potencial de transformação que existe dentro de você e conecta sua alma à sabedoria celestial, tudo pela força da fé. Este livro combina o poder da fé e a prática da meditação para ajudá-lo a conquistar paz interior e cultivar uma vida repleta de altruísmo e compaixão.

• Outros Livros de Ryuho Okawa •

O Renascimento de Buda
A Sabedoria para Transformar Sua Vida
IRH Press do Brasil

A essência do budismo nunca foi pregada de forma tão direta como neste livro. Em alguns trechos, talvez os leitores considerem as palavras muito rigorosas, mas o caminho que lhes é indicado é também bastante rigoroso, pois não há como atingir o pico da montanha da Verdade Búdica portando-se como simples espectador.

Trabalho e Amor
Como Construir uma Carreira Brilhante
IRH Press do Brasil

Okawa introduz dez princípios para você desenvolver sua vocação e conferir valor, propósito e uma devoção de coração ao seu trabalho. Você irá descobrir princípios que propiciam: atitude mental voltada para o desenvolvimento e a liderança; avanço na carreira; saúde e vitalidade duradouras.

THINK BIG – Pense Grande
O Poder para Criar o Seu Futuro
IRH Press do Brasil

A ação começa dentro da mente. Tudo na vida das pessoas manifesta-se de acordo com o pensamento que elas mantêm em seu coração. A capacidade de criar de cada pessoa é limitada por sua capacidade de pensar. Com este livro, você aprenderá o verdadeiro significado do Pensamento Positivo e como usá-lo para concretizar seus sonhos.

Estou Bem!
7 Passos para uma Vida Feliz
IRH Press do Brasil

Este livro traz filosofias universais que irão atender às necessidades de qualquer pessoa. Um tesouro repleto de reflexões que transcendem as diferenças culturais, geográficas, religiosas e étnicas. É uma fonte de inspiração e transformação com instruções concretas para uma vida feliz.

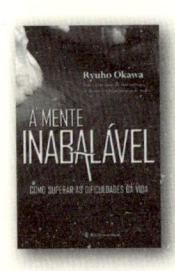

A Mente Inabalável
Como Superar as Dificuldades da Vida
IRH Press do Brasil

Para o autor, a melhor solução para lidar com os obstáculos da vida – sejam eles problemas pessoais ou profissionais, tragédias inesperadas ou dificuldades contínuas – é ter uma mente inabalável. E você pode conquistar isso ao adquirir confiança em si mesmo e alcançar o crescimento espiritual.

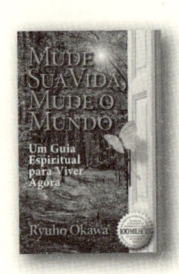

Mude Sua Vida, Mude o Mundo
Um Guia Espiritual para Viver Agora
IRH Press do Brasil

Este livro é uma mensagem de esperança, que contém a solução para o estado de crise em que vivemos hoje. É um chamado para nos fazer despertar para a Verdade de nossa ascendência, a fim de que todos nós possamos reconstruir o planeta e transformá-lo numa terra de paz, prosperidade e felicidade.

• **Outros Livros de Ryuho Okawa** •

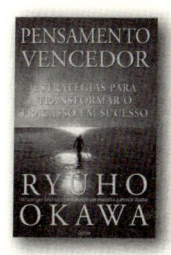

Pensamento Vencedor – *Estratégia para Transformar o Fracasso em Sucesso*
Editora Cultrix

Esse pensamento baseia-se nos ensinamentos de reflexão e desenvolvimento necessários para superar as dificuldades da vida e obter prosperidade. Ao estudar a filosofia contida neste livro e colocá-la em prática, você será capaz de declarar que não existe essa coisa chamada *derrota* – só existe o *sucesso*.

Série Felicidade

A Verdade sobre o Mundo Espiritual
Guia para uma Vida Feliz – IRH Press do Brasil

Em forma de perguntas e respostas, este precioso manual vai ajudá-lo a compreender diversas questões importantes sobre o mundo espiritual. Entre elas: o que acontece com as pessoas depois que morrem? Qual é a verdadeira forma do Céu e do Inferno? O tempo de vida de uma pessoa está predeterminado?

Convite à Felicidade – *7 Inspirações do Seu Anjo Interior* – IRH Press do Brasil

Este livro traz métodos práticos que ajudarão você a criar novos hábitos para ter uma vida mais leve, despreocupada, satisfatória e feliz. Por meio de sete inspirações, você será guiado até o anjo que existe em seu interior: a força que o ajuda a obter coragem e inspiração e ser verdadeiro consigo mesmo.

Manifesto do Partido da Realização da Felicidade – *Um Projeto para o Futuro de uma Nação*
IRH Press do Brasil

Nesta obra, o autor declara: "Devemos mobilizar o potencial das pessoas que reconhecem a existência de Deus e de Buda, além de acreditar na Verdade, e trabalhar para construir uma utopia mundial. Devemos fazer do Japão o ponto de partida de nossas atividades políticas e causar impacto no mundo todo".

A Essência de Buda
O Caminho da Iluminação e da Espiritualidade Superior
IRH Press do Brasil

Este guia almeja orientar aqueles que estão em busca da iluminação. Você descobrirá que os fundamentos espiritualistas, tão difundidos hoje, na verdade foram ensinados por Buda Shakyamuni, como os Oito Corretos Caminhos, as Seis Perfeições e a Lei de Causa e Efeito, o Vazio, o Carma e a Reencarnação, entre outros.

Ame, Nutra e Perdoe
Um Guia Capaz de Iluminar Sua Vida
IRH Press do Brasil

O autor revela os segredos para o crescimento espiritual por meio dos *Estágios do amor*. Cada estágio representa um nível de elevação. O objetivo do aprimoramento da alma humana na Terra é progredir por esses estágios e conseguir desenvolver uma nova visão do amor.

• Outros Livros de Ryuho Okawa •

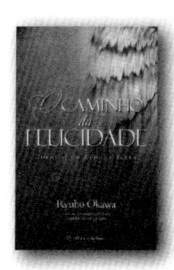

O Caminho da Felicidade
Torne-se um Anjo na Terra
IRH Press do Brasil

Aqui se encontra a íntegra dos ensinamentos da Verdade espiritual transmitidos por Ryuho Okawa, que servem de introdução aos que buscam o aperfeiçoamento espiritual: são *Verdades Universais* que podem transformar sua vida e conduzi-lo para o caminho da felicidade.

O Ponto de Partida da Felicidade –
Um Guia Prático e Intuitivo para Descobrir o Amor, a Sabedoria e a Fé
Editora Cultrix

Como seres humanos, viemos a este mundo sem nada e sem nada o deixaremos. Podemos nos dedicar a conquistar bens materiais ou buscar o verdadeiro caminho da felicidade – construído com o amor que dá, que acolhe a luz. Okawa nos mostra como alcançar a felicidade e ter uma vida plena de sentido.

As Chaves da Felicidade – *Os 10 Princípios para Manifestar a Sua Natureza Divina*
Editora Cultrix

Neste livro, o autor ensina de forma simples e prática os dez princípios básicos – Felicidade, Amor, Coração, Iluminação, Desenvolvimento, Conhecimento, Utopia, Salvação, Reflexão e Oração – que servem de bússola para nosso crescimento espiritual e nossa felicidade.

SÉRIE ENTREVISTAS ESPIRITUAIS

Mensagens do Céu – *Revelações de Jesus, Buda, Moisés e Maomé para o Mundo Moderno*
IRH Press do Brasil

Okawa compartilha as mensagens desses quatro líderes religiosos, recebidas por comunicação espiritual, para as pessoas de hoje. Você compreenderá como eles influenciaram a humanidade e por que cada um deles foi um mensageiro de Deus empenhado em guiar as pessoas.

Walt Disney – *Os Segredos da Magia que Encanta as Pessoas*
IRH Press do Brasil

Graças à sua atuação diversificada, Walt Disney estabeleceu uma base sólida para seus empreendimentos. Nesta entrevista espiritual, o fundador do império conhecido como Disney World nos revela os segredos do sucesso que o consagrou como um dos mais bem-sucedidos empresários da área de entretenimento do mundo contemporâneo.

A Última Mensagem de Nelson Mandela para o Mundo – *Uma Conversa com Madiba Seis Horas Após Sua Morte* – IRH Press do Brasil

Logo após seu falecimento, Mandela transmitiu a Okawa sua última mensagem de amor e justiça para todos, antes de retornar ao mundo espiritual. Porém, a revelação mais surpreendente é que Mandela é um Grande Anjo de Luz, trazido a este mundo para promover a justiça divina.

• OUTROS LIVROS DE RYUHO OKAWA •

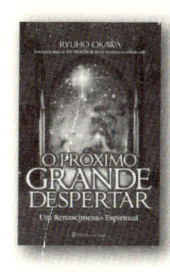

O Próximo Grande Despertar
Um Renascimento Espiritual
IRH Press do Brasil

Esta obra traz revelações surpreendentes, que podem desafiar suas crenças: a existência de Espíritos Superiores, Anjos da Guarda e alienígenas aqui na Terra. São mensagens transmitidas pelos Espíritos Superiores a Okawa, para que você compreenda a verdade sobre o que chamamos de *realidade*.

Para mais informações, acesse:
www.okawalivros.com.br